Lb^4 509

BIBLIOTHÈQUE

RELIGIEUSE, MORALE, LITTÉRAIRE,

POUR L'ENFANCE ET LA JEUNESSE,

Publiée avec approbation

DE S. E. LE CARDINAL ARCHEVÊQUE DE BORDEAUX.

LIMOGES ET ISLE.

Imprimeries de Louis et Eugène Ardant frères.

1859

LE BLESSÉ

DE

SOLFERINO

PAR

M. DE CERTILANGE.

LIMOGES

MARTIAL ARDANT FRÈRES, ÉDITEURS.

1860

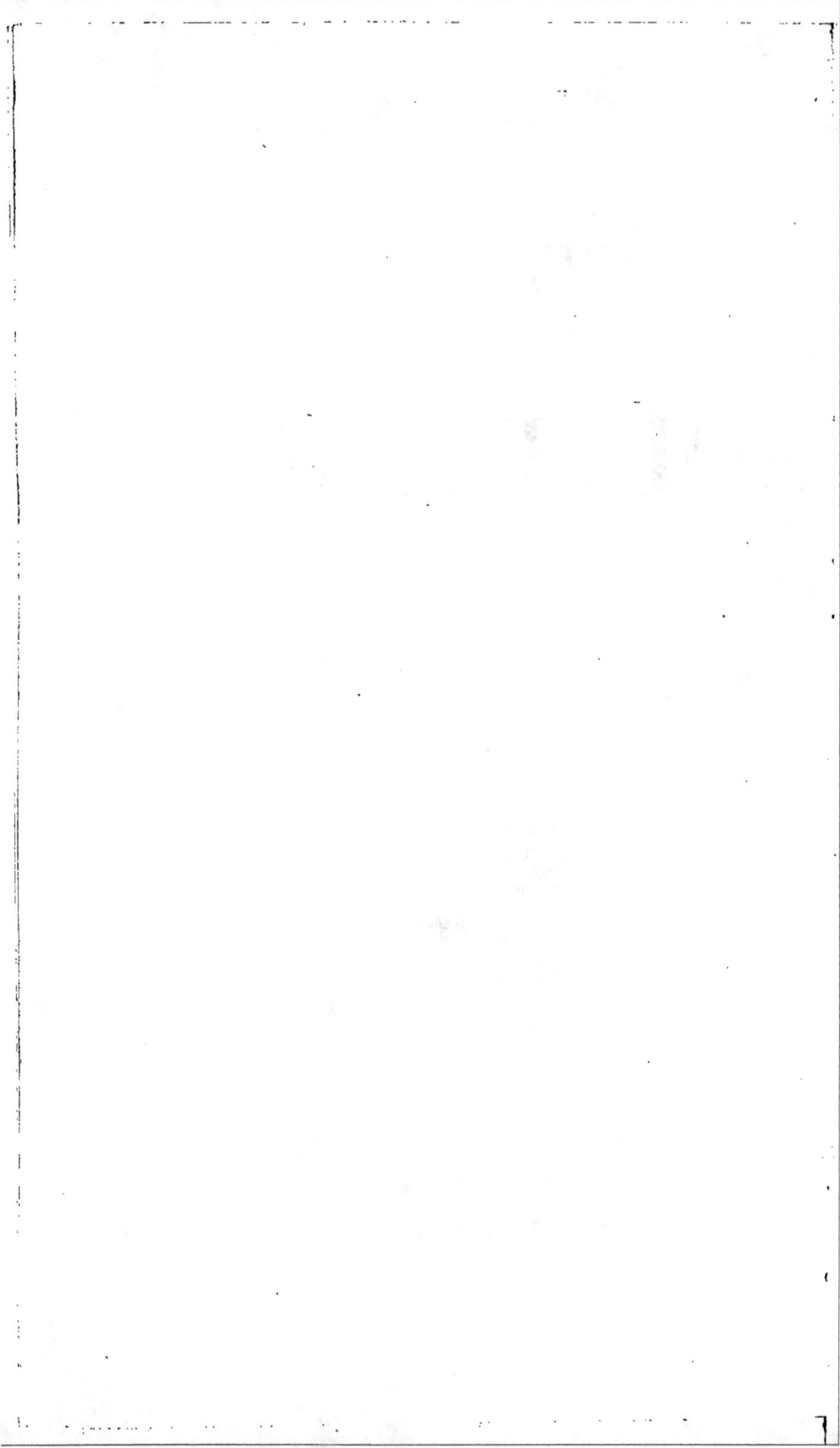

LE

BLESSÉ DE SOLFERINO.

CHAPITRE PREMIER.

Je fus engagé, le 12 août, par une dame fort riche des environs d'Angoulême, à passer une partie des vacances dans la maison de campagne qu'elle possède aux environs de Bordeaux. Professeur de son fils, je crus d'autant mieux pouvoir accepter que j'aimais assez pour son caractère et son application Léonce Delaunay. Mon séjour, du reste, pouvait lui être utile : deux mois de vacances sont bien lourds, si le travail n'y jette quelque distraction.

Ce fut donc le 2 septembre dernier que, toute chose réglée autour de moi, je pris le chemin de fer d'Angoulême et descendis, après trois heures de trajet, dans l'ancienne capitale de la Guyenne. Le soir j'arrivai à la baie d'Arcachon, un site charmant, très fréquenté pour ses bains de mer. La demeure de madame Delaunay occupe une admirable position, dominant d'un côté l'infini de l'Océan, s'étendant de l'autre sur les riches plaines de la Gironde jusqu'au château de la Brède, où naquit Charles de Secondat, baron de Montesquieu, le 18 janvier 1689.

Il y avait chez madame Delaunay réunion nombreuse, mais toute de famille. Léonce, son frère, élève de l'école de Saint-Cyr, et sa sœur Anna, une de ces natures si précoces pour la vertu, que la terre, étonnée de les avoir, croit à chaque instant qu'elles vont s'envoler au ciel. La marquise de Lagrune, leur grand'mère, habitait toute l'année le château de Mont-Désir, et conservait la gestion des biens de sa fille, veuve depuis deux ans.

Voilà pour le personnel ordinaire de la maison, voilà ce que je m'attendais à rencontrer sur les indications du jeune Delaunay et de sa mère. Un jeune officier d'état-major, blessé à Solferino, et depuis peu décoré de l'ordre de la Légion-d'Hon-

neur, était arrivé de l'avant-veille. Jamais figure
plus sympathique et plus loyale ne s'est offerte à
votre vue. Ses grands yeux bleus respiraient je ne
sais quel air de douceur et de fermeté, heureux
mélange qui commandait à la fois l'affection et
l'estime. La pureté dès lignes de son front, l'har-
monie de ses traits, le sourire continuel épanoui
sous sa moustache blonde, lui gagnaient tous les
cœurs. Dans le temps où tous les yeux sont fixés
sur l'Italie, où les hauts faits de l'armée française
nourrissent les entretiens du foyer, n'est-ce pas
un bonheur que d'entendre les récits d'un témoin
oculaire qui l'un des premiers s'élança sur la terre
classique des sentiments patriotiques et religieux?
Aussi chaque soir, après le dîner, réunis sur une
terrasse aux tranquilles horizons, recueillions-nous
avec bonheur ses chaleureux souvenirs.

Vous ne devez ignorer, mes amis, aucune des
époques glorieuses de notre histoire. Après l'amour
de notre religion, abrégé infini de toutes les
tendresses, celui de son pays est un des plus nobles
et des plus purs. Certain de vous plaire, j'ai re-
cueilli chaque jour les légendes militaires de la
terrasse de Mont-Désir. Puissent-elles étendre dans
vos âmes les sentiments dont Dieu y déposa le
germe si laborieusement cultivé par les vrais amis
de votre âge.

Je laisse la parole au capitaine Paul Delaunay. L'Autriche venait de pousser le cri de guerre, et toutes les tentatives de la France pour maintenir la paix avaient échoué. Le Tessin, qui sépare le Piémont du royaume lombard-vénitien, franchi au mépris du droit des gens ; les atrocités commises par les ennemis contre des populations inoffensives ; les reconnaissances poussées jusqu'à Chivasso, qui n'est qu'à trois lieues et demie de Turin, tout mettait en danger la capitale, et de là le royaume de notre allié. La province de Lomelline, riveraine du Pô, était aux abois. Ivrée, Verceil, Novare, Mortara ont vu des scènes affreuses, et tous les regards désolés se tournent vers la France.

Nos troupes furent levées et embarquées avec rapidité dont on trouve peu d'exemples dans l'histoire. Le nom des généraux était un garant de la victoire, et les soldats partaient avec enthousiasme. Ce sont pour la plupart d'anciens élèves de l'école Polytechnique et de Saint-Cyr, aguerris par les campagnes d'Afrique et l'expédition de Crimée, joignant au savoir l'expérience des vieux capitaines. Tous comptent des états de service à défrayer une armée.

Pour Maurice qui sera bientôt mon émule, pour Léonce dont les yeux en m'écoutant brillent comme deux escarboucles, je vous dirai le nom des principaux officiers, quoique l'éclat de leurs hauts faits ait déjà rendu leur nom populaire.

C'était, à l'état-major-général, Son Excellence le maréchal Vaillant et M. de Martimprey.

Au premier corps, le comte Baraguay-d'Hilliers et le général Forey.

Au second, le général comte de Mac-Mahon.

Au troisième, le maréchal Certain-Canrobert.

Au quatrième, le général Niel.

Au cinquième, S. A. I. le prince Napoléon.

A la garde impériale, le comte Régnault-Saint-Jean-d'Angély. Les troupes placées sous leurs ordres s'élevaient à 173,000 hommes, éprouvés pour la plupart et pleins d'une aveugle confiance dans leurs chefs. Le service de l'armée comptait avec la cavalerie 19,000 chevaux.

Vous dire avec quelle ivresse furent reçus nos soldats serait répéter à chaque arrivée les mêmes détails. Les vivat, les fleurs et les fêtes ne leur furent pas épargnés par un peuple dont tous les sentiments sont naturellement portés à l'exagération. Ils entraient par Chambéry et Saint-Jean-de-Maurienne dans la Savoie; par Briançon, Nice et Gênes dans la Sardaigne. Partout les mêmes acclamations. La vue des zouaves, des turcos, de tous les héros de Sébastopol, permettait-elle de douter de la victoire?

De charmants épisodes se sont produits à chaque pas. A Asti, ville supérieure par ses vins, les notables ont établi une cantine. Les wagons s'arrêtent un instant; chaque Français reçoit un verre de vin et un cigare; les boulangers et les pâtissiers n'ont pas voulu rester en arrière, et les biscuits ne firent pas faute à nos troupiers.

Les Pères Barnabites mirent deux cents lits et leurs soins au service des blessés; les monastères de la Polcevera, vallée qui conduit de Gênes aux Apennins, suivirent cet exemple.

La population de cette dernière ville, dames de tous les rangs, nobles et peuple, soldats et bourgeois, stationnent sur la jetée du port. Dix-huit régiments de zouaves, de turcos, de fantassins, posent le pied sur un vaste tapis de fleurs que du haut de leurs balcons font pleuvoir les riches habitants de vingt palais de marbre.

A Turin, même enthousiasme, même patriotisme. Le maréchal Canrobert et le général Niel sont logés par le roi lui-même dans son propre palais, et les soldats trouvent dans la ville l'hospitalité que l'opprimé doit à son libérateur. Des

Alpes à Venise, un seul cri retentit au bruit des tambours et des clairons des troupes qui arrivent et de celles qui partent : *Vive la France !*

Les Autrichiens continuaient cependant leur marche sur la rive gauche du Pô. Plusieurs escarmouches s'étaient engagées entre les troupes piémontaises et leurs nombreux avant-postes. Partout l'élan des bersaglieri, chasseurs sardes, avait repoussé les masses. Du côté de Cazale et de Frasinetto, villes riveraines, de fortes colonnes tentèrent pendant quatre jours et sans succès le passage du Pô. Seules engagées, les troupes du Piémont résistèrent avec un plein succès, et le général autrichien Benedeck fut atteint d'une blessure qui le retint à Plaisance longtemps après.

Les hostilités ainsi déclarées, Sa Majesté l'Empereur des Français résolut de se porter lui-même sur le théâtre de la guerre. A la date du 3 mai, il adresse à son peuple la proclamation suivante :

« Français, l'Autriche, en faisant entrer son
» armée sur le territoire du roi de Sardaigne,
» notre allié, nous déclare la guerre. Elle viole
» ainsi les traités, la justice, et menace nos fron-
» tières. Toutes les grandes puissances ont pro-
» testé contre cette agression. Le Piémont ayant
» accepté les conditions qui devaient assurer la

» paix, on se demande quelle peut être la raison
» de cette invasion soudaine; c'est que l'Autriche
» a amené les choses à cette extrémité, qu'il faut
» qu'elle domine les Alpes ou que l'Italie soit
» libre jusqu'à l'Adriatique; car, dans ce pays,
» tout coin de terre indépendant est un danger
» pour son pouvoir.

» Jusqu'ici la modération a été la règle de ma
» conduite. Maintenant l'énergie devient mon pre-
» mier devoir. Que la France s'arme et dise ré-
» solument à l'Europe : Je ne veux pas de con-
» quête, mais je veux maintenir sans faiblesse ma
» politique nationale et traditionnelle; j'observe les
» traités, à condition qu'on ne les violera pas
» contre moi ; je respecte le territoire et les droits
» des puissances neutres, mais j'avoue hautement
» ma sympathie pour un peuple dont l'histoire se
» confond avec la nôtre et qui gémit sous l'oppres-
» sion étrangère.

» La France a montré sa haine contre l'anar-
» chie ; elle a voulu me donner un pouvoir assez
» fort pour réduire à l'impuissance les fauteurs du
» désordre et les hommes incorrigibles de ces an-
» ciens partis que l'on voit sans cesse pactiser avec
» nos ennemis ; mais elle n'a pas pour cela abdiqué
» son rôle civilisateur. Ses alliés naturels ont tou-
» jours été ceux qui veulent l'amélioration de l'hu-

» manité ; et, quand elle tire l'épée, ce n'est point
» pour dominer, mais pour affranchir.

» Le but de cette guerre est donc de rendre l'I-
» talie à elle-même et non de la faire changer de
» maître, et nous aurons à nos frontières un peu-
» ple ami qui nous devra son indépendance.

» Nous n'allons pas en Italie fomenter le dés-
» ordre ni ébranler le pouvoir du Saint-Père que
» nous avons replacé sur son trône, mais le sous-
» traire à cette pression étrangère qui pèse sur
» toute la Péninsule, contribuer à y fonder l'ordre
» sur des intérêts légitimes satisfaits.

» Nous allons enfin sur cette terre classique,
» illustrée par tant de victoires, retrouver les tra-
» ces de nos pères; Dieu fasse que nous soyons
» dignes d'eux.

» Je vais bientôt me mettre à la tête de l'armée.
» Je laisse en France l'Impératrice et mon fils.
» Secondée par l'expérience et les lumières du der-
» nier frère de l'Empereur, elle saura se montrer
» à la hauteur de sa mission.

» Je les confie à la valeur de l'armée qui reste
» en France pour veiller sur nos frontières comme
» pour protéger le foyer domestique; je les confie

» au patriotisme de la garde nationale ; je les
» confie enfin au peuple tout entier, qui les en-
» tourera de cet amour et de ce dévouement dont
» je reçois chaque jour tant de preuves.

» Courage donc et union. Notre pays va en-
» core montrer au monde qu'il n'a pas dégénéré.
» La Providence bénira nos efforts ; car elle est
» sainte aux yeux de Dieu la cause qui s'appuie
» sur la justice, l'humanité, l'amour de la patrie
» et de l'indépendance. »

Ce discours à la fois majestueux et conciliant ne
vous rappelle-t-il pas, Léonce, les mâles accents
des Romains de Tacite? Je vous l'ai lu tout entier pour vous donner un nouvel exemple de cette
éloquence toute de pensée qui asservit la phrase
aux besoins de l'honnêteté et de la justice.

— Votre blessure mal fermée, dit madame
Delaunay, vous impose de grandes précautions ;
voici que fraîchit le vent de la mer, et votre récit
vous a fatigué sans doute. Malgré l'attrait qu'il a
pour nous, mon cousin, je crois qu'il est de notre
affection de vous forcer à rentrer, remettant à demain la suite de vos émotions.

La remarque était juste, hélas ! et nous vîmes
à regret s'arrêter notre jeune conteur. La soirée

n'était pas assez avancée pour le sommeil, et je pus résumer ces préliminaires de notre glorieuse campagne que nous verrons se dérouler dans les chapitres suivants.

CHAPITRE II.

Je désire, mes jeunes lecteurs, vous intéresser autant que le capitaine captiva notre attention. Personne ne manquait au rendez-vous le lendemain, et, sans aucun préambule, M. Delaunay reprit en ces termes :

— Comme il l'avait annoncé, l'Empereur quitta Paris le 10 du mois de mai, à six heures du soir. Son départ fut comme une ovation. Ne portait-il pas la victoire dans la confiance de son regard? A cinq heures et demie, il montait en calèche dé-

couverte, en petite tenue de général de division,
et S. M. l'Impératrice prenait place à ses côtés.
Plusieurs voitures de la cour, remplies par les
officiers qui devaient le suivre en Italie, venaient
à la file, et le brillant cortége traversa les rues
de Rivoli, de Saint-Antoine, la place de la Bastille et la rue de Lyon au milieu d'une foule
compacte pressée sur les trottoirs, aux croisées de
tous les étages, qui faisait retentir ses triomphantes
acclamations. Les flots du peuple surtout ressem-
blaient à une mer agitée, et c'est à peine si l'escadron des cent-gardes qui tenait les devants pouvait s'ouvrir un passage; c'était un mardi, les
ateliers étaient déserts, tous les travailleurs pa-
risiens s'étaient échelonnés du Louvre à la gare du
chemin de fer de Lyon.

— Puisqu'il va rejoindre, disait l'un, il faut bien
lui faire un brin de conduite.

— Sire, s'écriait un autre, permettez-moi de
vous donner l'accolade au nom de mes cama-
rades.

A la hauteur de la Bastille, la calèche impériale
ne pouvait plus avancer. Les ouvriers voulaient
dételer les chevaux et la traîner à bras. Napoléon
ne crut pas devoir le permettre; vainement, le
cœur plein d'émotion, essaya-t-il de prendre la

parole : les cris d'enthousiasme couvrirent sa voix.

Arrivé à la gare, il fut reçu par les administra-teurs du chemin de fer et les grands dignitaires de l'Empire ; à six heures et demie, le *signal* était donné, et la foule ne suivait plus son Empereur que des vœux les plus ardents. L'Impératrice l'ac-compagna jusqu'à Montereau.

A toutes les stations qui bordent la route ac-couraient, la nuit comme le jour, les populations des provinces. Nous arrivâmes à Marseille à onze heures cinquante minutes, le mercredi onze mai, et Sa Majesté se rendit en voiture découverte à l'ancien port, où l'attendait le yacth impérial la *Reine-Hortense*. Toutes les rues étaient pavoisées de drapeaux français et sardes ; ce ne fut jusqu'au rivage qu'un long cri poussé par cent mille cœurs dans un même élan. Les navires et les innom-brables embarcations qui remplissaient le port ac-clamèrent aussi le passage de la *Reine-Hortense*, qui partit à deux heures dix minutes, accompagnée par le *Vauban*.

La mer était calme et le vent favorable ; nous lon-geâmes les magnifiques côtes de la Péninsule ; Nice, Monaco, passèrent à notre gauche avec leurs odo-rantes forêts et leur ciel le plus doux de l'Europe ; et le 12 mai, sur les deux heures du soir, Gênes

déroulait à nos yeux son amphithéâtre splendide
et ses palais de marbre. Cette ville, bâtie en demi-
cercle sur une étendue de 3,600 mètres, au pied
de montagnes arides et brûlées, baigne ses pieds
dans les flots de l'Océan intérieur. La Méditerranée
étend ses vagues tranquilles sans horizon, et parfois le bleu de la mer se confond avec l'azur du
ciel. Gênes est une ville de quatre-vingt-dix mille
âmes. Sans être tombée dans une décadence aussi
profonde que celle de Venise, la seconde reine
des mers a perdu le lustre qu'elle avait reçu de
ses doges. Ses galères, qui voguaient maîtresses
d'une rive à l'autre de l'Océan, n'ont plus qu'un
commerce restreint. Mais quel tableau enchanteur
offrait son port le jour de l'arrivée du libérateur
de l'Italie ! La mer était couverte de canots, de
gondoles, d'embarcations de toutes les grandeurs
et de toutes les formes, tout cela pavoisé de drapeaux piémontais et français, orné de flammes
aux devises louangeuses, couvert de fleurs vivaces
cueillies au matin.

Le marquis de Brême, grand-maître des cérémonies de la cour de Turin, attendait l'Empereur
depuis six jours et avait présidé à la fête.

A deux heures le canot envoyé en mer au-devant de Sa Majesté fit son entrée dans le port. A
la droite de Napoléon III le prince de Savoie-Cari-

gnan, à sa gauche le comte Nigra. Un hourra immense s'élève de toutes parts; les bouquets pleu-
vent en profusion, et c'est avec peine que l'em-
barcation impériale peut atteindre la jetée. C'était
une ivresse depuis la rade jusqu'au palais ducal où
est descendu l'Empereur. Les autorités civiles et
militaires lui furent présentées, et après elles les
vieux soldats, les médaillés de Sainte-Hélène, qui,
les yeux pleins de larmes, contemplaient avec bonheur le neveu de leur grand général.

Au même instant on lisait placardé dans toutes
les rues de Gênes l'ordre du jour suivant. J'ai
gardé toutes ces pièces, ajouta M. Delaunay, un
peu à votre intention :

« Soldats, je viens me mettre à votre tête pour
» vous conduire au combat. Nous allons seconder
» la lutte d'un peuple revendiquant son indépen-
» dance, et le soustraire à l'oppression étrangère.
» C'est une cause sainte qui a les sympathies du
» monde civilisé.

» Je n'ai pas besoin de stimuler votre ardeur :
» chaque étape vous rappellera une victoire. Dans
» la voie sacrée de l'ancienne Rome, les inscrip-
» tions se pressaient sur le marbre pour rappeler
» au peuple ses hauts faits. De même aujourd'hui,
» en passant par Mondovi, Marengo, Lodi, Casti-

» glione, Arcole, Rivoli, vous marcherez dans une
» autre voie sacrée, au milieu de ces glorieux sou-
» venirs.

   » Conservez cette discipline sévère qui est l'hon-
» neur de l'armée. Ici, ne l'oubliez pas, il n'y a
» d'ennemis que ceux qui se battent contre vous.
» Dans la bataille demeurez compactes et n'aban-
» donnez pas vos rangs pour courir en avant.
» Défiez-vous d'un trop grand élan ; c'est la seule
» chose que je redoute.

   » Les nouvelles armes de précision ne sont dan-
» gereuses que de loin. Elles n'empêcheront pas la
» baïonnette d'être, comme autrefois, l'arme ter-
» rible de l'infanterie française.

   » Soldats, faisons tous notre devoir et mettons
» en Dieu notre confiance. La patrie attend beau-
» coup de vous. Déjà d'un bout de la France à
» l'autre retentissent ces paroles d'un heureux au-
» gure : La nouvelle armée d'Italie sera digne de
» sa sœur aînée. »

Quel peuple que celui dont les chefs sont obligés
de comprimer la bravoure !

Le théâtre *Carlo-Felice* fut honoré le soir même
de la présence de l'Empereur. C'est un des plus
vastes de l'Italie. Ses loges étaient combles jusqu'au

sixième étage , et je doute que jamais s'y fût réunie plus brillante assemblée. S. A. le prince de Carignan , le comte de Cavour, plusieurs ministres de S. M. le roi de Sardaigne, accompagnaient Napoléon. A son entrée dans la salle, tous les spectateurs se levèrent spontanément , et ce fut un vivat unanime et prolongé qui se répéta plusieurs fois jusqu'à la sortie du monarque français.

Le lendemain , vers les sept heures du matin , Victor-Emmanuel vint rendre visite à son auguste allié , et rejoignit après une heure son quartier-général de la Torina.

Le soir du même jour, 13 mai, Napoléon partit pour Alexandrie. Cette ville , située sur la rive droite de Canaro , est une des places les plus propices par sa position à la stratégie militaire. C'est là que fut établi le quartier-général de l'armée. Les plus bruyantes acclamations accueillirent l'entrée de l'Empereur, qui traversa la ville accompagné du général Canrobert et fut reçu par le roi de Piémont lui-même. L'arc de triomphe élevé à l'entrée de la ville portait pour inscription : *A l'héritier du vainqueur de Marengo.* Que d'espérance!

Cependant les Autrichiens continuaient leurs attaques et leurs retraites toujours avec le succès que vous savez. Le 15 mai, ils attaquent Robbio, petite ville de quatre mille âmes , située sur la

Trebbia, à treize lieues d'Alexandrie. Ils eu sont victorieusement repoussés par les nôtres et la garde nationale. Le même jour ils s'avancent de Stradella, qui est à quatre lieues de Pavie, jusqu'à Voghera, qui n'est qu'à sept d'Alexandrie. Nous arrivons à notre première victoire, celle de Montebello, heureux présage des succès qui nous attendaient.

Le 20 mai 1859, les avant-postes de la première division, campée à Voghera sous les ordres du général Forey (1er corps), signalèrent l'approche d'une forte colonne autrichienne qui déjà s'était emparée des villages de Casteggio et de Montebello. La cavalerie sarde, qui occupait ces places, en avait été facilement repoussée par 15,000 hommes sous le commandement du général ennemi Stadion.

A peine eut-il reçu cette nouvelle, que le général se porta de sa personne aux avant-postes avec deux bataillons du 74e régiment d'infanterie de ligne qu'il tenait prêts pour relever deux bataillons du 84e. Cependant le reste de la division s'armait à la hâte. La veille avait été publié l'ordre du jour suivant :

« Nous allons nous trouver demain en première » ligne, et il est probable que nous aurons l'hon- » neur des premiers engagements avec l'ennemi.

» Rappelez-vous que nos pères ont toujours battu
» cet ennemi, et vous ferez comme eux. »

L'occasion, comme vous le voyez, n'avait pas
tardé à s'offrir. Les deux armées étaient en présence.

Les Autrichiens, quittant en partie Montebello,
s'avancèrent sur un petit village, le dernier qui
les séparât de nos troupes et de Voghera, celui
de Ginestrello. Nos tirailleurs engagent le feu;
le 84ᵉ régiment, sous les ordres du colonel Cambriels, se conduit avec une vigueur, une fermeté
admirable. Bientôt l'artillerie tonne; mais l'élan
de nos soldats et l'à-propos des charges heureuses
de la cavalerie piémontaise, conduite par le général de Sonaz, repoussent nos agresseurs. Tandis
que le général Blanchard, à la tête du 98ᵉ et d'un
bataillon du 91ᵉ, s'établit à Cascina-Nueva, fermant
ainsi le passage d'un défilé compris entre Casteggio
et le Pô, le 17ᵉ bataillon de chasseurs, soutenu
par le 84ᵉ et le 74ᵉ, s'élance sur la partie sud de
Montebello, sous les ordres du général Beuret. Là
s'engage un combat corps à corps; chaque maison
est l'objet d'un siége, et le brave général est
mortellement blessé à côté du général Forey; mais
les Autrichiens se replient dans le cimetière d'où
les chasse bientôt encore l'arme terrible des Français : la baïonnette meurtrière. Là s'arrête la

poursuite ; quelques tirailleurs seulement refoulèrent les ennemis dans Casteggio, qu'ils évacuèrent bientôt, en y laissant une arrière-garde.

Telle fut cette mémorable journée, si digne du combat que le maréchal Lannes avait livré dans la même plaine en 1800. Nos troupes avaient été dignes de leurs devanciers, et 5,000 Français battirent en cinq heures 15,000 Autrichiens. Hélas! la victoire nous avait coûté trop cher ; mais, comme l'a dit je ne sais plus quel auteur, il y a toujours un crêpe de deuil à la hampe d'un drapeau triomphant. Nous comptions environ 600 hommes tués ou blessés, et parmi eux plusieurs officiers supérieurs : Beuret, le commandant Duchet, frappés à mort ; le commandant Lacretelle et le colonel Méric de Bellefond, blessés, succombent deux jours après ; le commandant de Férussac, les colonels Dumesnil et Guyot de Lespart, assez grièvement atteints, durent quitter pendant quelques jours le théâtre de la guerre.

Quelles ne durent pas être les pertes de nos ennemis ! Deux cents prisonniers, dont un colonel, et la prise de plusieurs caissons d'artillerie, furent le fruit de la victoire. A peine fut-il possible d'évaluer leurs morts, tant étaient encombrées les rues de Montebello !

Le lendemain Napoléon III se transportait sur

le champ de bataille, accompagné du général
Fleury, du chirurgien en chef Larrey et de deux
aumôniers. C'était un spectacle bien triste que
cette plaine jonchée de cadavres qui tous avaient
été des héros. L'Empereur embrassa avec effusion
le général Forey et le colonel Cambriels, les chefs
intrépides qui avaient organisé ou décidé la journée
de la veille. Puis on visita les blessés, et chacun
reçut une parole de consolation si affectueuse, si
paternelle, qu'un instant il put oublier ses dou-
leurs.

Mademoiselle Anna mit sa petite main sur la
bouche du capitaine.

— Assez, dit-elle, à demain ; vous vous rendriez
malade.

— Mon charmant petit docteur, répondit Delaunay, je vous obéis, et je propose à mon tour de
faire une courte promenade en mer.

L'offre était trop séduisante pour ne pas être à
l'instant acceptée. Nous descendîmes au rivage où
était amarrée une barque légère qui vogua bientôt
sur l'Océan, calme comme l'azur du ciel ; une
fraîche brise avait succédé aux tropicales chaleurs
du jour, les premières étoiles brillaient dans la
surface unie de la mer et du firmament, parfois
quelque poisson étourdi venait dans le sillage de

la barque miroiter aux rayons de la lune ; c'était une délicieuse soirée.

— Ceci me rappelle, dit le jeune officier, le golfe de Gênes et ses vents embaumés par les plantes des Apennins. Rien n'a plus de charme que ces soirées de la Méditerranée où les canots se balancent et voguent si mollement que le mouvement ressemble plutôt au va-et-vient qu'imprime la nourrice au berceau de l'enfant qui s'endort. Mais qu'avez-vous donc, Léonce? vous semblez tout rêveur.

— Je me demande, répondit le jeune élève, quelle était la position de l'armée française à Montebello.

— Ne vous l'ai-je pas dit? A gauche s'élèvent des hauteurs occupées par nos troupes; à droite, un défilé, entre Casteggio et le Pô, défendu à Cascina-Nuova; au centre, en avant de Voghera, notre corps d'attaque commandé par le général Forcy. Il y eut, comme vous le pensez bien, de curieux épisodes avant, pendant et après la bataille. Tous témoignent de la bravoure de cette nation à laquelle nous devons être fiers d'appartenir, nation qui ne le cède pas plus en générosité qu'en courage aux autres peuples de l'univers. Je voudrais que vous eussiez vu, par exemple, la surprise et aussi la gratitude des prisonniers autrichiens quand, dirigés sur Marseille, chaque officier reçut cent francs, chaque soldat dix francs d'indemnité de route. Une autre mesure accueillie avec une profonde reconnaissance fut la décision prise par l'Empereur que les blessés ennemis seraient rendus sans échange à leur patrie quand ils seraient capables de regagner leurs foyers.

Nous touchions à la grève, dix heures venaient de sonner au clocher d'Arcachon, et la soirée avait passé comme un rêve.

CHAPITRE III.

Je me souviens, reprit le lendemain le capitaine Delaunay, d'une flatterie un peu hyperbolique du grand Racine, historiographe de Louis XIV, à ce monarque. Nous n'avons pas attendu, disait-il, que nos habits de cour fussent terminés; Votre Majesté va si vite en conquêtes, qu'elle serait sans aucun doute revenue avant notre départ.

Dans la guerre d'Italie les événements se succèdent avec une rapidité qui défie toute exagération. A peine le bruit du canon s'était-il éteint

à Montebello, que se préparaient d'autres triomphes. Dans la matinée du 21 mai, le général
piémontais Cialdini force sur deux points le passage
de la Sésia et s'établit dans les plaines de Verceil,
plaines illustres dans l'antiquité, Léonce. C'est là
que le cruel Marius écrasa les Cimbres.

Le 24, Garibaldi avait passé le Tessin ; le même
jour il battait les ennemis et s'établissait à Varèse,
à onze lieues de Milan, en pleine Lombardo-Vénétie, où il était salué comme un libérateur.

Le 28 du même mois, il pénétra dans la ville
de Côme, et le soir il bivouaquait à Camerlata.
L'ennemi était de ce côté attaqué dans ses possessions. Mais tandis que le hardi condottiere l'in-
quiétait à droite par des surprises continuelles,
un autre chef s'avançait avec un corps entier. Le
prince Napoléon, à la tête de troupes fraîches,
venait de débarquer à Livourne, et à bord de la
Reine-Hortense avait rédigé la proclamation suivante :

« Habitants de la Toscane, l'Empereur m'envoie
» dans vos pays sur la demande de vos représen-
» tants, pour y soutenir la guerre contre nos en-
» nemis, les oppresseurs de l'Italie.

» Ma mission est exclusivement militaire ; je n'ai

» pas à m'occuper et je ne m'occuperai pas de.
» votre organisation intérieure.

» Napoléon III a déclaré qu'il n'avait qu'une
» seule ambition : celle de faire triompher la cause
» sacrée, la cause de l'affranchissement d'un peu-
» ple, et qu'il ne serait jamais influencé par des
» intérêts de famille. Il a dit que le seul but de
» la France, satisfaite de sa puissance, était d'avoir
» à ses frontières un peuple ami qui lui devra sa
» régénération.

» Si Dieu nous protége et nous donne la vic-
» toire, l'Italie se constituera librement; et, en
» comptant désormais parmi les nations, elle affer-
» mira l'équilibre de l'Europe.

» Songez qu'il n'est pas de sacrifices trop grands,
» lorsque l'indépendance est le prix de vos efforts,
» et montrez au monde, par votre union et par
» votre modération, autant que par votre énergie,
» que vous êtes dignes d'être libres. »

Entre Garibaldi et le prince Napoléon se trouvait l'armée des alliés, dont le quartier-général
venait d'être transporté de Voghera à Verceil.

L'ennemi avait fait les jours précédents quelques
tentatives qui n'aboutirent qu'à lui faire perdre
les positions de Palestro et de Cazalino. Le décou-

ragement, la démoralisation se mettaient dans ses rangs. On résolut de frapper un grand coup. Le 30 mai, sur les sept heures du matin, 25,000 Autrichiens se mirent en marche. Depuis la veille, le roi Victor-Emmanuel s'était installé dans une ferme près de Tarrione, et s'appuyait sur le corps du maréchal Canrobert. Il se préparait à attaquer ce jour-là Robbio, quand les Autrichiens vinrent le surprendre sur la droite, entretenant sans doute l'espoir de le séparer des troupes françaises et d'en avoir meilleur compte.

Quelles étaient les forces du roi de Sardaigne? La division Cialdini, que nous avons vue forcer la Sésia, et le 3ᵉ régiment de zouaves, fort de 2,500 hommes. Ceux-ci étaient dans une prairie voisine, préparant leur café avec l'indifférence, le sang-froid qui les caractérise devant le plus grand péril. On pouvait aussi compter sur la division Trochu qui fut peu engagée.

Pris à l'improviste, le roi fit des prodiges, merveilleusement secondé par les troupes sardes. Durant deux heures et demie il sut, avec la division Cialdini, soutenir les efforts d'une armée proportionnellement innombrable, sans perdre un pouce de terrain. Mais à neuf heures un renfort puissant arrivait. Dérangés dans la préparation de leur *Moka* par quelques éclats de boulets qui tombèrent au milieu d'eux, les zouaves du 3ᵉ régiment sautent sur leurs armes et prennent le pas de course; rien ne les arrête : franchir les champs, les rizières, les haies; sont jeux de chaque jour. Mais un des confluents de la Sésia, qui en reçoit un si grand nombre depuis sa source au Mont-Rosa jusqu'à son embouchure dans le Pô, se présente à eux. Ils ne voient rien, traversent ayant de l'eau jusqu'à la ceinture, et arrivent sur le champ de bataille. Là nouvel obstacle : les cartouches sont mouillées; vainement veulent-ils tirer sur l'ennemi qui est à 300 mètres d'eux avec deux batteries pointées... ils n'ont d'autres ressources que la charge à la baïonnette. Le brave colonel Chabron s'élance, tout le monde le suit; il tombe bien çà et là quelques braves sous les boulets meurtriers, mais l'impétuosité est invincible et bientôt cinq canons sont en notre pouvoir. Le roi de Piémont gagna ce jour-là de sa personne le titre qui lui fut conféré par les soldats, de caporal du 3ᵉ régiment de zouaves. Toujours au premier rang, comme un simple officier de cavalerie, il ne voulut céder à aucune représentation; vainement chercha-t-on à l'entraîner du champ de bataille, vainement le suppliait-on d'épargner ses jours, les zouaves se jetaient au-devant de lui pour recevoir les traits qui pouvaient l'atteindre. Il ne se retira que quand les Autrichiens, stupéfaits de la vigueur d'une semblable charge, se débandèrent et prirent le fuite jusqu'à Robbio.

Douze mille hommes en avaient taillé vingt-cinq mille en pièces dans l'espace de sept heures. Un général autrichien et plusieurs officiers supérieurs restaient sur le carreau. Nous avions à regretter 20 morts; et 200 zouaves, dont dix officiers, avaient reçu de glorieuses blessures.

L'Empereur arrivait sur le champ de bataille au moment de la déroute. Il parcourut avec une joie mêlée d'une profonde tristesse le champ de Palestro. C'était à ce moment douloureux qui jette tant d'amertume dans l'ivresse du triomphe. On relevait les blessés. Ces pauvres gens se soulevaient comme ils le pouvaient, hélas! pour s'écrier sur son passage : vive l'Empereur, vive le Roi, vive la France. Sa Majesté pressa la main à plusieurs d'entre eux.

La journée de Palestro fut mise à l'ordre du jour de l'armée, et le lendemain Victor-Emmanuel adressait à ses troupes la proclamation suivante :

« Soldats, notre première bataille a été cou-
» ronnée de notre première victoire. Votre courage
» héroïque, l'ordre admirable de vos rangs, l'au-
» dace et l'intelligence de vos chefs, ont triomphé

» aujourd'hui à Palestro, à Vinzaglio, à Cazalino.
» L'adversaire, plusieurs fois attaqué, a abandonné
» ses fortes positions, les laissant en notre pouvoir.
» Cette campagne ne pouvait pas s'ouvrir sous de
» plus heureux auspices. Le triomphe d'aujourd'hui
» nous est un gage certain que vous gagnerez d'au-
» tres victoires encore, à la gloire de votre roi, au
» renom de la brave armée piémontaise.

» Soldats, la patrie, heureuse, vous exprime par
» ma bouche toute sa reconnaissance, et, fière de
» nos combats, elle a consacré à l'histoire les évé-
» nements héroïques qui, pour la deuxième fois,
» dans la mémorable journée du 30 mai, ont bra-
» vement combattu pour elle. »

— Ce 3ᵉ régiment des zouaves doit être bien
glorieux, interrompit Maurice.

— Ce n'est pas là son premier haut fait. Le 22
septembre 1854, il se distingua à la bataille de
l'Alma d'une manière toute particulière, et, cou-
rant le long des rampes de la mer avec le même
entraînement, ils eussent enlevé toutes les pièces
russes, si l'ennemi ne se fût empressé de les atteler
et de les sauver ainsi de leurs mains. Son drapeau
est un impérissable témoignage de leur haute bravoure. Lorsque le régiment débarqua à Gênes, on
contemplait avec admiration ces lambeaux si dé-

chirés qu'on avait été obligé de les réunir à l'aide
de grossières coutures. L'Empereur a fait présent
du 3ᵉ zouaves au roi de Sardaigne, qui l'a adopté,
et les zouaves à leur tour l'ont nommé caporal,
prétendant qu'il avait gagné ses galons à Palestro.
J'ajouterai un fait qui vous fera mieux connaître
encore l'intrépidité de ces démons de la guerre.
Pendant le passage de la rivière, six zouaves avaient
aperçu sur la gauche un canon qui prenait le régiment en écharpe et devait en retarder singuliè-
rement la marche. Ils prennent leur course, se
précipitent et massacrent les canonniers ; ils reve-
naient fiers de leur prise, quand un obus autrichien
renversa morts cinq d'entre eux ; le sixième continue
sa marche et rejoint son corps avec sa conquête.

Les deux combats des 30 et 31 mai eurent de
graves résultats. D'un côté, l'armée alliée passa la
Sésia, et le maréchal Niel entra dans Novare le
1ᵉʳ juin, à sept heures du matin. Il y fut rejoint vers
cinq heures du soir par l'Empereur ; de l'autre, les
Autrichiens, abandonnant Robbio, se retirèrent sur
le Tessin, laissant libre toute la rive gauche du
Pô, qu'ils passèrent sur trois barques à Bassignano,
petite ville célèbre par le combat que Moreau y
livra aux Russes en 1799.

CHAPITRE IV.

Désormais nous avions pris l'offensive. Il avait été résolu qu'on se dirigerait sur Milan par les ponts jetés à Turbigo. Une brigade des voltigeurs de la garde franchit le Tessin dans la nuit; le lendemain à huit heures le reste du deuxième corps la passait à son tour. Le général comte de Mac-Mahon s'avance avec son état-major et un escadron de chasseurs à cheval jusqu'à l'église de Turbigo, et du haut de la plate-forme jette autour de lui son regard observateur. Une colonne autri- chienne marchait de Buffalora sur Robechetto pour s'emparer de ce village. De promptes mesures prises par le général en chef, l'intrépidité du colonel Laure, à la tête des tirailleurs algériens ; la savante manœuvre du général Auger, l'un des lions d'Italie, qui fait prendre à ses batteries quatre positions différentes, portent dans les rangs ennemis le désordre, la mort, et décident de la journée. Les troupes de l'empereur laissent Robechetto au pouvoir des nôtres. On cite un trait d'intrépidité du général Auger dans la journée de Turbigo. Il crut apercevoir dans les blés une pièce autrichienne ayant peine à suivre le mouvement de retraite de l'ennemi ; il se précipita sur elle et s'en empara. Près de la pièce gisait à terre le commandant de la batterie, coupé en deux par un de nos boulets.

Le général autrichien Cordon n'avait donc pas eu plus de succès à Turbigo qu'à Montebello le général Stadion ; les morts étaient fort nombreux de leur côté, et nous leur avions fait quelques prisonniers. Mais ce n'était là, quelque glorieux qu'il fût, que le prélude de la bataille de Magenta.

Nos adversaires avaient repassé le Tessin pendant la nuit, et s'étaient massés au nombre de 125,000 hommes. L'Empereur et les grenadiers de la garde le franchirent à leur tour, et Sa Majesté, après avoir fait abattre le toit d'une maison, s'y plaça comme dans un observatoire. Quelques coups de fusil et de canon avaient été échangés, vers les onze heures du matin, entre les lignes autrichiennes et les grenadiers de la garde, commandés par le comte Régnault-Saint-Jean-d'Angély, qui soutinrent pendant deux heures le choc de l'ennemi. Mais c'est au pont même de Magenta qu'était le péril. Magenta est un petit village sur la route de Novare à Milan, entre Buffalora, dernière limite de l'empire d'Autriche, sur le Tessin, et Abbiate-Grasso, quartier-général de nos adversaires; ces trois petits bourgs font partie de la Lombardo-Vénétie. Prendre Magenta, c'était s'ouvrir la route et les portes de Milan. Le 4 juin au soir, Magenta était au pouvoir des alliés. Le général Mac-Mahon, dont le nom restera toujours attaché à cette victoire, comme au sien demeure attaché le nom de Magenta, avait culbuté l'ennemi et s'était établi dans cette position qui commande de ce côté l'entrée de l'empire autrichien. Ses troupes vaincues étaient en pleine déroute.

Mais nous avions chèrement acheté la victoire, et les soldats de Giulay s'étaient vigoureusement défendus.

La garde perdit	9 officiers tués et	136 blessés,
	135 soldats »	707 »
Le 2ᵉ corps (Mac-Mahon)	25 officiers »	78 »
	215 soldats »	1099 »
		164 disparus.
Le 3ᵉ corps (Canrobert)	11 officiers »	46 blessés,
	1110 soldats »	871 »
		154 disparus.
Le 4ᵉ corps (Niel)	7 officiers »	34 blessés,
	52 soldats »	273 »
		52 disparus.

Parmi les officiers tués, nous avions à regretter M. le général Espinasse, ancien ministre de l'intérieur, et celle du général Clerc : le premier, commandant la seconde division du 2ᵉ corps, le second, les zouaves et les grenadiers de la garde.

Le général Espinasse était héroïquement tombé dans la grande rue de Magenta qui conduit à la gare du chemin de fer. Trouvant le passage encombré de ruines : *Pied à terre*, s'était-il écrié, et se battant le sabre à la main et au premier rang, il trouva, l'un des premiers, la mort.

Le général Clerc et les officiers qui l'entouraient furent criblés par la mitraille à l'entrée du pont de Magenta, sur la chaussée. Vainement six hommes, conduits par un lieutenant, s'élancent-ils pour reprendre son corps ; le milieu du pont était envahi par les troupes de Giulay; ils tombent à leur tour. Mais leurs compagnons s'élancent furieux, enlèvent leur général, et restent maîtres du pont de Magenta.

Sa Majesté le roi de Sardaigne, le maréchal Canrobert, le général Mac-Mahon et le général Mellinet étaient blessés.

Les pertes des ennemis étaient de beaucoup plus graves : sept mille avaient été faits prisonniers, vingt mille hors de combat. Trois canons et deux drapeaux avaient été pris.

A la nouvelle attendue de ce triomphe, Milan s'insurge; la révolte court du palais à la chaumière, le peuple est dans la rue, criant : Vive la France, vive Victor-Emmanuel! Que pouvaient devant ces protestations unanimes des troupes décimées, découragées, ne trouvant dans les pays qu'elles parcourent que la haine de leurs chefs et de leur nom? rien. Aussi se hâtèrent-elles d'évacuer la ville et le château, laissant dans leur précipitation des canons et les caissons de l'armée.

Le 6 juin, l'Empereur remerciait et encourageait ses soldats en ces termes :

« Soldats, il y a un mois, confiant dans les

» efforts de la diplomatie, j'espérais encore la
» paix, lorsque tout-à-coup l'invasion du Piémont
» par les troupes autrichiennes nous appela aux
» armes. Nous n'étions pas prêts. Les hommes,
» les chevaux, les approvisionnements manquaient,
» et nous devions, pour secourir nos alliés, dé-
» boucher à la hâte, par petites fractions, au-delà
» des Alpes, devant un ennemi redoutable et pré-
» paré de longue main.

» Le danger était grand ; l'énergie de la nation
» et votre courage ont suppléé à tout. La France
» a retrouvé ses anciennes vertus, et unie dans un
» même but comme en un seul sentiment, elle a
» montré la puissance de ses ressources et la
» force de son patriotisme. Voici dix jours que les
» opérations ont commencé, et déjà le territoire
» piémontais est débarrassé de ses envahis-
» seurs.

» L'armée alliée a livré quatre combats heureux
» et remporté une victoire décisive qui lui ont
» ouvert les portes de la capitale de la Lombardie.
» Vous avez mis hors de combat plus de 35,000 Au-
» trichiens, pris dix-sept canons, deux drapeaux,
» 8,000 prisonniers; nous aurons encore des luttes
» à soutenir, des obstacles à vaincre.

» Je compte sur vous. Courage donc, braves

» soldats de l'armée d'Italie. Du haut du ciel, vos
» pères vous contemplent avec orgueil. »

Le même jour, la municipalité provisoire de
Milan votait à l'unanimité l'annexion de la Lombardie, dont il est la capitale, au royaume de
Piémont. A cette occasion, Napoléon leur adressa
les paroles suivantes si désintéressées, si géné-
reuses :

« Vos ennemis qui sont les miens ont tenté de
» diminuer la sympathie universelle qu'il y avait
» en Europe pour votre cause, en faisant croire
» que je ne faisais la guerre que par ambition person-
» nelle ou pour agrandir le territoire de la France.

» S'il y a des hommes qui ne comprennent pas
» leur époque, je ne suis pas du nombre. Dans
» l'état éclairé de l'opinion publique, on est plus
» grand aujourd'hui par l'influence morale qu'on
» exerce que par des conquêtes stériles, et, cette
» influence morale, je la recherche avec orgueil
» en contribuant à rendre libre une des plus belles
» parties de l'Europe. Je ne viens pas ici avec un
» système préconçu pour déposséder les souverains
» ni vous imposer ma volonté; mon armée ne
» s'occupe que de deux choses : combattre vos en-
» nemis et maintenir l'ordre intérieur; elle ne
» mettra aucun obstacle à la libre manifestation

» de vos vœux légitimes... Unissez-vous donc dans
» un seul but : l'affranchissement de votre pays...
» Ne soyez aujourd'hui que soldats ; demain, vous
» serez citoyens libres d'un grand pays. »

Le 8 juin, l'Empereur entrait à Milan, avec
le roi de Sardaigne à sa droite. Je ne vous pein-
drai pas l'enthousiasme de cette population qui
depuis trois jours à peine respirait un air libre
après de longues années de servitude. Les brillantes
réceptions de Gênes, de Turin, d'Alexandrie, étaient
bien loin derrière les acclamations triomphales de
la capitale de la Lombardie autrichienne. Toutes
les rues étaient pavoisées, tous les balcons garnis
des dames les plus illustres de la ville et des environs ; les églises avaient pris leur parure des
grandes solennités, et tandis que les *Te Deum* s'é-
levaient dans le sanctuaire, de glorieux vivats re-
tentissaient dans les rues.

Sur la route de Milan à Lodi, à quatre lieues
de la première ville et à trois environ de la seconde,
se trouve Marignan ou Melegnano, célèbre par la
bataille que les Français y gagnèrent sur les Suisses
en 1515. Il est arrosé par le Lambro, ruisseau
assez large qui va se jeter dans le Pô. C'est là
que, après avoir battu en retraite, les Autrichiens
avaient résolu de se fortifier ; ils occupaient aussi
un village voisin nommé San-Juliano, et étaient

commandés par le général Benedeck, guéri de la blessure qu'il avait reçue dans le commencement de la campagne.

Le 7 juin au soir, l'Empereur en fut informé, et donna ordre au maréchal Baraguey-d'Hilliers, commandant le premier corps, de les déloger. Le maréchal de Mac-Mahon lui fut adjoint. L'expédition devait être terminée dans la journée du 8.

Les troupes arrivèrent le même jour, à cinq heures et demie, à douze cents mètres de Melegnano. Trois divisions furent envoyées en avant, celles des généraux Bazaine, Ladmirault et Forey. A sept heures, les soldats de Benedeck étaient en pleine déroute, laissant entre nos mains un canon, 900 prisonniers et 1,200 blessés.

Pour avoir été rapide, le triomphe ne nous fut pas moins coûteux. Nous eûmes en une heure et demie 943 morts et blessés.

Le 1er des zouaves avait perdu son colonel, M. Paulze-d'Ivoy, et six officiers; vingt-six autres avaient été blessés. Cinq officiers du 33e de ligne étaient tombés dans la mêlée, onze avaient été atteints.

Devant ce dernier succès, les Autrichiens se replièrent sur l'Adda, où, si vous le voulez bien, nous les laisserons jusqu'à demain au repos. Ils ont si peu de temps à y rester.

Nous remerciâmes sincèrement le capitaine Delaunay de sa complaisance extrême, et je courus écrire les détails que je vous transmets.

CHAPITRE V.

Le pays ennemi s'ouvrait devant nous ; le 12 juin, une partie de l'armée française quitta Milan, et vint, après avoir passé l'Adda, établir le quartier-général à Cassano, à sept lieues de la capitale de la Lombardie. Encore un souvenir de victoire ; Vendôme y avait battu les impériaux en 1705. Il est vrai qu'un léger échec y fut éprouvé par les Français en 1799 (27 avril), les Russes étant commandés par le feld-maréchal Souwarow. Mais que sont devant nos triomphes actuels ces partiels avantages ?

Le Blessé.   3

Cependant, et le même jour, l'armée sarde traversait le fleuve à Saprio, une lieue environ au-dessus de nous.

Le 17 juin, l'Empereur était à Travigliato, et faisait le 18 son entrée à Brescia, que venait de quitter Garibaldi, marchant en éclaireur sur Lonato, etc. Brescia, située sur la Garza, est au centre des routes de Bergame, de Milan, de Lodi, de Crémone, de Mantoue et de Vérone; elle fut prise et saccagée par les Français en 1512. Ainsi laissions-nous bien loin derrière nous le fameux quadrilatère formé par le Pô, le Tessin, l'Adda et les lacs Majeur, Lugano et Como; la victoire de Magenta en avait eu raison.

Les Autrichiens battaient en retraite et avaient rompu tous les ponts de la Chièse en amont de Calcinato; ils occupaient les fortes positions de Lonato, de Castiglione, de Montechiari sur la route de Brescia à Mantoue; ils les abandonnèrent à l'approche de Garibaldi, et, le 22 juin, nos troupes les occupaient à leur tour. Les ennemis se concentrèrent sur le Mincio, entre Peschiera et Mantoue, la ligne la plus forte de l'Italie. Elle s'appuie d'un côté au Pô et à Mantoue; de l'autre, à Peschiera et au lac de Garde. A peu près à une égale distance de ces deux villes se trouvent Solferino et Villafranca.

Les deux armées étaient en présence, chacune d'elles commandée par son empereur. Notre quartier-général est situé à Montechiaro, celui de François-Joseph à Valeggio, près de Villafranca. Les corps, à partir du lac, étaient ainsi échelonnés : le roi Victor-Emmanuel, le maréchal Baraguey-d'Hilliers, le duc de Magenta, le général Niel, le maréchal Canrobert.

Les Autrichiens ont passé le Mincio avec toute leur armée, et nos troupes ont reçu l'ordre de quitter leurs cantonnements de deux heures à deux heures et demie du matin. L'Empereur avait d'abord résolu d'attaquer le 26, et ce ne fut que sur quelques engagements partiels entre nos avant-postes et ceux des ennemis qu'il avança le jour de la grande bataille. Du reste, ses dispositions étaient si bien prises qu'il n'y fut rien changé. L'armée du roi devait se diriger sur Pozzolengo, le maréchal Baraguey-d'Hilliers sur Solferino, le maréchal de Mac-Mahon sur Cavriana, le général Niel sur Guidizzolo, et le maréchal Canrobert sur Medole.

Ce fut le général Forey qui rencontra le premier l'ennemi sur les hauteurs du Monte-di-Valscura. La route que suivait le premier corps est une suite de collines qui, de gradin en gradin, s'élèvent jusqu'à la montagne de Solferino que couronne une tour. Il était cinq heures du matin ; les Autrichiens en furent chassés en peu de temps, et nous nous emparâmes du village de Grôle.

A huit heures et demie le comte de Mac-Mahon, devenu duc de Magenta, fait attaquer une ferme nommée, je crois, Casa-Marino.

Le troisième corps, sous les ordres du maréchal Canrobert, chasse l'ennemi de Castelgoffredo à sept heures du matin, et arrive à neuf à Medole, occupé déjà par la division Luzy, du quatrième corps.

La ligne de bataille était de cinq lieues, et le canon grondait sur trois lieues environ de longueur.

Le maréchal Baraguey-d'Hilliers était arrivé cependant au pied de la colline abrupte au sommet de laquelle est bâti Solferino. Il y a là un vieux château et un grand cimetière, entourés l'un et l'autre de murs épais et crénelés. Exténuées de fatigue et de chaleur, les troupes des divisions Bazaine et Lamirault, conduites par le maréchal lui-même, n'avançaient qu'avec beaucoup de difficultés. L'Empereur, qui s'était rendu au centre de la ligne de bataille, donna l'ordre à la division Forey de marcher, savoir une brigade du côté de la plaine, l'autre sur la hauteur contre le village de Solferino, cette dernière soutenue par la division Camou, des voltigeurs de la garde. L'artillerie de la garde prenait en même temps, sous les ordres des généraux Sevellages et Lebœuf, position à découvert, à 300 mètres de l'ennemi.

La division Forey s'était déjà emparée du cimetière, le général Bazaine occupait les rues du village, et la tour tombait au pouvoir des chasseurs de la garde. Les Autrichiens prirent la fuite, laissant 1,500 prisonniers, quatorze canons et deux drapeaux.

Tandis que le corps du maréchal Baraguey-d'Hilliers soutenait la lutte à Solferino, le corps du duc de Magenta se déployait, comme nous l'avons vu, en avant de la ferme de Casa-Marino, dans la plaine de Guiddizolo, qui lui avait été assignée. A neuf heures il fut attaqué par une forte colonne autrichienne, précédée d'une nombreuse artillerie qui se plaça à 1,100 mètres de notre front de bataille. Bientôt le feu fut ouvert. Mais les canons ennemis, réduits au silence, durent se reporter en arrière, et les Autrichiens laissèrent encore entre nos mains 600 prisonniers. Quelques instants après les positions de Cavriana et de San-Cassiano étaient en notre pouvoir, doublement attaquées par le 45ᵉ régiment d'infanterie de ligne, les tirailleurs algériens et la division Manèque.

C'était un spectacle affreux, mes amis; les nuages s'étaient amoncelés au-dessus de nos têtes, et le bruit du tonnerre se mêlait au bruit du canon. De temps à autre des éclairs menaçants percent l'obscurité du ciel; je me trouvais alors au pied de la tour de Solferino, qui se dressait lugubre au milieu des éléments déchaînés du ciel et de la terre faisant éclater leurs fureurs. C'est là que je fus blessé, dit-il en souriant. La tempête ne fut pas de longue durée, et, revenant à la charge, notre armée eut à six heures et demie du soir le bonheur de voir l'ennemi battre en retraite dans toutes les directions.

Le quatrième corps, sous les ordres du général Niel, fit des prodiges de valeur, et soutint seul le choc d'un ennemi trois fois plus nombreux jusqu'à trois heures après midi, que le troisième corps de Canrobert vint pour lui prêter son appui. L'orage mit fin à cette lutte sanglante et sauva les Autrichiens du plus effrayant désastre. Ils se retirèrent laissant entre nos mains un drapeau, sept pièces de canon, et 2,000 prisonniers.

Que faisait pendant cette lutte gigantesque l'armée du roi?

Vers les sept heures du matin, il se trouva en présence des avant-postes ennemis et engagea le combat; mais de puissants renforts étant survenus aux Autrichiens, les Piémontais furent obligés de faire retraite jusqu'à San-Martino. Il arriva du secours, et les troupes royales revinrent à la charge; trois fois elles atteignirent le sommet des hauteurs, trois fois elles furent repoussées. Redoublant de vigueur, elles parvinrent cependant à s'emparer de l'église et de toutes les maisons qui l'avoisinent. Un instant huit pièces de canon furent entre leurs mains; dégagées un quart d'heure après, elles vomissaient la mort dans leurs rangs. L'arrivée d'une nouvelle division, qui revenait de Solferino, détermina le succès de la journée. Les hauteurs furent prises et couronnées de vingt-quatre pièces d'artillerie que les soldats de François-Joseph ne purent jamais déloger. Ils pliaient de toutes parts, et furent poursuivis à une grande distance par l'armée sarde qui leur fit essuyer de grandes pertes.

A neuf heures du soir, on entendait encore dans le lointain le bruit du canon qui précipitait la retraite de l'ennemi, et nos troupes allumaient les feux de bivouac sur le champ de bataille qu'elles avaient si glorieusement conquis.

Je dis conquis, peut-être devrions-nous dire

acheté ; nos pertes avaient été cruelles, et les Autrichiens s'étaient battus avec toute l'énergie du désespoir. Mais ils avaient en présence les plus belles troupes du monde. Solferino fut élevé ce jour-là à la hauteur des grandes batailles de l'Empire et de la République française. Là tout le poids de l'engagement. Les chasseurs d'Afrique dans leur charge impétueuse, le 91ᵉ régiment de ligne et son colonel Abatucci, qui eut deux chevaux tués sous lui, les généraux Forey et Ladmirault grièvement blessés, témoignent des efforts surhumains de notre armée ; plus loin le général Auger, les généraux Dieu et Douai, du 4ᵉ corps, conduit par Niel, que l'Empereur fit maréchal sur le champ de bataille, sont mortellement atteints.

Le 1ᵉʳ corps perdit	234 officiers tués et blessés.		
	4000 soldats.	»	
Le 2ᵉ corps	114 officiers tués et blessés.		
	1458 soldats.	»	300 disparus.
Le 3ᵉ corps	15 officiers tués et blessés.		
	235 soldats.	»	
Le 4ᵉ corps	565 officiers tués et blessés.		
	5376 soldats.	»	702 disparus.

Comme vous le voyez, le plus éprouvé des quatre corps fut celui du maréchal Niel, suivi de bien près par les troupes du maréchal Baraguey-d'Hilliers. Ce fut donc environ douze mille hommes que nous coûta la victoire, perte immense sans doute, mais petite encore relativement à celle de l'ennemi et aux avantages qui en résultèrent.

Les Autrichiens laissaient entre nos mains trente pièces de canon, un grand nombre de caissons, quatre drapeaux et 6,000 prisonniers. On évalue ses pertes totales à 40,000 hommes; la bataille avait duré seize heures.

Les Piémontais regrettèrent 49 officiers tués, 167 blessés, 642 sous-officiers et soldats tués, 3,405 blessés et 1,258 disparus.

L'Empereur coucha le soir dans la chambre même où avait passé la nuit précédente François-Joseph à Cavriana.

Vous vous souvenez sans doute de la sensation que produisit, je ne dis pas en France, mais dans toute l'Europe entière, la dépêche télégraphique suivante adressée par l'Empereur à l'Impératrice, à neuf heures un quart du soir, quand tonnaient encore dans le lointain les canons de Solferino :

« Grande bataille et grande victoire. Toute l'ar-
» mée autrichienne a donné. La ligne de bataille
» avait cinq lieues d'étendue. Nous avons enlevé
» toutes les positions, pris beaucoup de canons, de

3.

» drapeaux et de prisonniers. Les autres détails
» sont impossibles. La bataille a duré depuis qua-
» tre heures du matin jusqu'à huit heures du
» soir. »

Parmi les épisodes héroïques qui ont signalé la
bataille de Solferino, et qu'il serait trop long de
vous raconter, lors même qu'ils seraient à ma connaissance, se place un trait que je ne saurais passer sous silence.

Un lieutenant des chasseurs à pied de la garde,
du nom de Moneglia, a pris seul dans le village
quatre pièces de canon attelées, commandées par
un colonel qui lui a remis son épée.

Un caporal, Montellier, du même corps, enlève
son drapeau à l'ennemi, et revient à son rang au
milieu d'une grêle de balles.

Les officiers supérieurs ne s'épargnèrent pas plus
que le soldat. Le général Auger eut, comme nous
l'avons dit, un bras emporté et mourut des suites
d'une amputation nécessaire.

Le général Forey, admirable de sang-froid,
blessé à l'attaque de la tour, resta néanmoins à
cheval et continua de donner ses ordres.

Le commandant de La Rochefoucault, des chasseurs d'Afrique, s'élança au plus épais d'un bataillon autrichien et fut fait prisonnier.

Le général Trochu enleva à l'ennemi une compagnie d'infanterie et deux pièces de canon, avec autant de sang-froid, dit le maréchal Niel, que s'il eût été sur un champ de manœuvres.

385,000 hommes avaient combattu; 235,000 Autrichiens contre 150,000 alliés.

Le lendemain, l'Empereur adressait à l'armée les lignes suivantes :

« Soldats, l'ennemi croyait nous surprendre et
» nous rejeter au-delà de la Chièse. C'est lui qui a
» repassé le Mincio.

» Vous avez dignement soutenu l'honneur de la
» France, et la bataille de Solferino égale et dé-
» passe même les souvenirs de Lonato et de Casti-
» glione.

» Pendant douze heures vous avez repoussé les
» efforts désespérés de 150,000 hommes. Ni la
» nombreuse artillerie de l'ennemi, ni les positions
» formidables qu'il occupait sur une profondeur de
» trois lieues, ni la chaleur accablante n'ont arrêté
» votre élan.

» La patrie reconnaissante vous remercie par ma

» bouche de tant de persévérance et de courage.
» Mais elle pleure, avec moi, ceux qui sont morts
» au champ d'honneur.

» Nous avons pris trois drapeaux, trente canons,
» et 6,000 prisonniers.

» L'armée sarde a lutté avec la même bravoure
» contre des forces supérieures. Elle est bien digne
» de marcher à vos côtés.

» Soldats, tant de sang versé ne sera pas inutile
» pour la gloire de la France et pour le bonheur
» des peuples. »

Les troupes ennemies avaient donc repassé le
Mincio et se trouvaient dans un second quadrilatère
plus redoutable que le premier, à cause des nombreuses forteresses qu'il renferme. Il contient environ 1,100 kilomètres carrés, et est formé au nord
par le chemin de fer de Milan à Venise; les deux
angles sont formés par Peschiera et Vérone; à
l'ouest, par le Mincio qui va de Peschiera à Mantoue;
à l'est, par l'Adige qui relie Vérone à Legnano.
Le sud est plus ouvert; mais le Mincio le défend encore en partie, en se rendant dans les Etats ponti-
ficaux. François-Joseph avait établi à Vérone son
quartier-général.

Le 28 juin, nos soldats passèrent le Mincio sans

trouver aucune résistance, et le 1er juillet l'armée
entière se trouvait sur la rive gauche ; et l'Empereur, qui avait d'abord transporté son quartier-
général de Cavriana à Volta, s'établissait à Valeggio.

En même temps l'armée sarde investissait Peschiera, et nos troupes, renforcées de 35,000 hommes amenés par le prince Napoléon, s'avançaient
du côté de Vérone, tandis que la première division
de l'armée de Lyon arrivait aux frontières du
Tyrol.

Les avant-postes des deux côtés n'étaient plus
qu'à une faible distance ; le canon avait encore
grondé par intervalles, et il ne se passait pas de
jour où quelques coups de fusil fussent échangés
entre les Autrichiens et les nôtres. Tout le monde
croyait à une grande bataille.

Napoléon, ayant renvoyé les prisonniers autrichiens blessés, avait fait demander un échange.
Le 3 juillet, un parlementaire se présenta au quar-
tier impérial, annonçant que S. M. François-Joseph
renverrait aussi sans échange les prisonniers français blessés, dès que leur état leur permettrait
d'être transportés, et qu'il partageait les dispositions de l'Empereur des Français au sujet d'un
échange général des prisonniers.

Le lendemain, 4 juillet, arriva à Vallegio un nouveau parlementaire, le capitaine Urban, aide-de-camp de François-Joseph, et fils du général gouverneur de Vérone. A la villa Maffei, il fut reçu par le maréchal Vaillant qui le présenta à Sa Majesté. Il était porteur d'une lettre autographe de l'empereur d'Autriche.

Le lendemain, le général Fleury partait pour Vérone, porteur d'une lettre de Napoléon III, dans laquelle le vainqueur demandait généreusement un armistice au vaincu. Lorsque l'aide-de-camp arriva à Vérone, il était dix heures et demie du soir. L'Empereur dormait profondément. On le réveilla, et quand il eut appris ce dont il s'agissait, il s'habilla à la hâte et fit introduire le général français. En lisant la lettre qui lui était adressée, une vive émotion se répandit sur son visage.

— Votre communication est fort grave, dit-il, et j'ai besoin d'y réfléchir; restez ici jusqu'à demain matin à huit heures, je vous donnerai une réponse.

Le général Fleury rentrait à Valeggio le lendemain à midi, et le 7 juillet une suspension d'armes fut convenue entre les deux Empereurs. Les commissaires devaient se réunir à Villafranca, petite ville située sur la Mollinella, affluent de l'Adige.

C'étaient, pour les Français, le maréchal Vaillant et le général de Martimprey; pour le Piémont, le général Della-Rocca; pour l'Autriche, le feld-maréchal baron de Hess et le feld-maréchal comte Mensdorff-Pouilly. Voici les principales clauses arrêtées entre eux :

1° La stipulation datera du 8 juillet, et ira jusqu'au 15 août sans dénonciation.

2° Les hostilités pourront recommencer le 16 août à midi, sans avis préalable.

3° Elles cessaient pendant tout ce temps, tant par terre que par mer.

4° Le chemin de fer de Vérone à Mantoue et à Peschiera redevenait libre.

5° Les travaux d'attaque et de défense restaient dans l'état où ils se trouvaient en ce moment.

6° Enfin les bâtiments de commerce, quels qu'ils soient, circuleront dans l'Adriatique.

On apprécia hautement ces mesures en Angleterre comme en France.

« Honneur à l'Empereur III, disait-on, et à la » cause qu'il a si bien soutenue ! A l'heure dorée » de la victoire, il a su contenir la brûlante ardeur

» de ses troupes, prêtes à frapper le dernier coup ;
» et aussi son triomphe est rehaussé par la modé-
» ration de son pouvoir. La victoire tempérée par
» l'humanité est une belle victoire.

» Napoléon vient de prouver à l'Europe et au
» monde qu'un homme peut devenir plus grand
» par la conciliation, à l'heure opportune, que par
» le déploiement des forces irrésistibles de 100,000
» guerriers. »

Le 10 juillet, le fait de l'armistice fut porté
à la connaissance de l'armée par un ordre du
jour.

« Soldats, y était-il dit, une suspension d'armes
» a été conclue, le 8 juillet, entre les parties bel-
» ligérantes, jusqu'au 15 août prochain ; cette
» trêve vous permet de vous reposer de vos glo-
» rieux travaux, et de puiser, s'il le faut, de nou-
» velles forces pour continuer l'œuvre que vous
» avez si bravement inaugurée par votre courage
» et votre dévouement. Je retourne à Paris, et je
» laisse le commandement provisoire de mon ar-
» mée au maréchal Vaillant, major-général. Mais
» dès que l'heure des combats aura sonné, vous me
» reverrez au milieu de vous pour partager vos
» dangers. »

C'était le lendemain 11 que devait avoir lieu

l'entrevue des Empereurs à Villafranca, ville déclarée neutre à cet effet.

Le lundi donc, à neuf heures précises du matin, l'Empereur Napoléon III et son cortége entrèrent à Villafranca. Il était, comme à son départ de Paris, en petite tenue de général de division, et montait un cheval bai. A quelques pas derrière Sa Majesté le maréchal Vaillant, chef d'état-major-général de l'armée, le général de Martimprey et toute sa maison militaire. Les cent-gardes accompagnent le cortége. A peine s'arrêta-t-on sur la place de Villafranca; presqu'au même instant arrivait au galop, par la porte de Vérone, un officier d'ordonnance annonçant que l'Empereur François-Joseph approche de la ville. Napoléon III et sa suite reprennent le trot et s'avancent d'un kilomètre à la rencontre de S. M. l'Empereur d'Autriche.

Le soleil était brûlant, la route poudreuse, pas un nuage au ciel, pas d'ombrage aux marges du chemin; çà et là, quelques arbres rabougris élevant comme à regret à quelques pieds du sol leur gris feuillage.

Les cortéges s'arrêtèrent à quelques pas l'un de l'autre, sur ce terrain qui avait failli être le théâtre d'une nouvelle lutte meurtrière, et les deux

Empereurs s'avancèrent l'un vers l'autre. Ils s'é-
taient salués déjà d'assez loin ; mais quand ils se
furent rapprochés, Napoléon III tendit la main à
François-Joseph qui la serra avec effusion.

Puis ils tournèrent bride et revinrent à Villafranca. L'Empereur des Français tenait la droite,
l'Empereur d'Autriche la gauche.

Je n'ai pas vu François-Joseph ; mais voici com-
ment le dépeint un témoin oculaire :

François-Joseph était accompagné de M. le maréchal baron de Hess et de ses officiers d'ordonnance. Il portait un uniforme de général de cavalerie en petite tenue, composé d'une petite jaquette
bleu de ciel, d'un pantalon de casimir de même
couleur. Il n'avait ni cordons ni croix. L'héritier
des Habsbourg a tous les traits qui caractérisent
sa race. Il est grand, blond, et a la lèvre épaisse,
la moustache frisée, réunie à des favoris touffus,
de grands yeux bleus. Du reste il paraissait très
ému. Le feld-maréchal Hess était à la suite de
l'Empereur, où le retenaient les devoirs de sa position de major-général. Le vieux général, très vert
encore pour son âge (61 ans), portait l'uniforme
et tous les insignes de son rang.

L'état-major autrichien était assez nombreux,

mais moins brillant que l'état-major français. Le corps des gardes-nobles et celui des uhlans, qui forment l'escorte de l'Empereur, se trouvaient entièrement éclipsés par nos cent-gardes et même par les guides.

Pendant le trajet qu'il y avait à faire pour regagner Villafranca, les gardes-nobles passèrent avant les cent-gardes françaises ; mais les guides eurent le pas sur les uhlans.

Une maison avait été préparée pour recevoir les deux souverains ; elle appartient à M. Carlo Gaudini-Morelli, et avait déjà reçu l'Empereur d'Autriche pendant une nuit avant la bataille de Solférino. La conférence eut lieu dans un petit salon d'un ameublement fort simple, dont les murs étaient peints de fresques assez médiocres. Il y avait deux canapés, quelques fauteuils et des chaises en abondance. Tous les meubles sant drapés de vert. Au milieu de la chambre se trouve une table carrée couverte d'un tapis vert.

C'est là que, sur les dix heures du matin, les deux Empereurs entrèrent seuls pour n'en sortir qu'à onze.

Je vous laisse à deviner, jeunes lecteurs, quelle émotion faisait battre en cet instant le cœur de la ville et de l'armée.

Les généraux français et autrichiens confondus stationnaient dans la grande rue où est située la maison de M. Morelli. Sur les places de Villafranca se pressait une foule nombreuse. Et ne croyez pas surprendre en elle le tumulte qui trahit les masses. Non, à cette heure solennelle le silence règne partout; toutes les haleines sont en suspens; toutes les âmes sont dans l'attente. Car de cette demeure doit sortir la paix ou la guerre pour toute l'Europe, guerre plus terrible que les combats meurtriers qui viennent de se livrer en Italie.

Mais lorsqu'on vit sortir rayonnants tous deux Napoléon III et François-Joseph, les poitrines se dilatèrent et une longue rumeur courut dans tous les rangs. Les officiers des deux armées se tendirent cordialement la main. S. M. présenta la sienne au maréchal Vaillant, aux généraux Martimprey et Fleury. Après avoir échangé avec le souverain français de nouvelles marques d'amitié, l'Empereur d'Autriche a repris le chemin de Vérone, tandis que Napoléon III retournait à son quartier-général de Valeggio, où il a fait publier la proclamation suivante :

« Soldats, les bases de la paix sont arrêtées avec
» l'Empereur d'Autriche; le but principal de la
» guerre est atteint, l'Italie va devenir pour la
» première fois une nation. Une confédération de

» tous les états de l'Italie, sous la présidence ho-
» noraire du Saint-Père, réunira en un faisceau
» les membres d'une même famille. La Vénétie
» reste, il est vrai, sous le sceptre de l'Autriche ;
» elle sera néanmoins une province italienne, fai-
» sant partie de la confédération.

» La réunion de la Lombardie au Piémont nous
» crée de ce côté des Alpes un allié puissant qui
» nous devra son indépendance ; les gouvernements
» restés en dehors du mouvement ou rappelés dans
» leurs possessions comprendront la nécessité des
» réformes salutaires. Une amnistie générale fera
» disparaître les traces des discordes civiles. L'Ita-
» lie, désormais maîtresse de ses destinées, n'aura
» plus qu'à s'en prendre à elle-même si elle ne
» progresse pas régulièrement dans l'ordre et la
» liberté.

» Vous allez bientôt retourner en France ; la
» patrie reconnaissante accueillera avec transport
» ces soldats qui ont porté si haut la gloire de
» nos armes à Montebello, à Palestro, à Turbigo,
» à Magenta, à Marignan, à Solferino ; qui, en
» deux mois, ont franchi le Piémont et la Lom-
» bardie, et ne se sont arrêtés que parce que la
» lutte allait prendre des proportions qui n'étaient
» plus en rapport avec les intérêts que la France
» avait dans cette guerre formidable.

» Soyez donc fiers de vos succès, fiers des ré-
» sultats obtenus, fiers surtout d'être les enfants
» bien-aimés de cette France qui sera toujours la
» grande nation, tant qu'elle aura un cœur pour
» comprendre les nobles causes, et des hommes
» comme vous pour la défendre. »

Et le 13, Sa Majesté partait de Desenzano par le
chemin de fer. Hâté de rentrer à Paris, il s'arrêtait
néanmoins à Brescia pour tendre la main aux blessés et leur donner des consolations. A Milan, à
Verceil, il visite les hôpitaux, donnant çà et là
quelques récompenses militaires.

« En attendant mieux, ajoutait-il. »

On raconte que, dans la capitale de la Lombardie, il s'approcha du lit d'un malade et lui mit dans
la main une médaille militaire. Elle tomba d'une
main qui ne pouvait plus la soutenir, et l'Empereur
la ramassant la déposa sur sa poitrine.

Victor-Emmanuel voyageait avec lui au milieu
des cris de joie, des acclamations incessantes d'une
population enivrée. Il l'accompagna jusqu'à Suze,
où les deux souverains se quittèrent avec une émotion profonde.

Le 18 juillet, à dix heures du matin, Napoléon III rentrait à Saint-Cloud, presque incognito, par le chemin de ceinture.

Il attendait pour fêter la victoire le retour de ses compagnons d'armes, qui ne fut complet que le 14 août dernier.

Voilà, mes jeunes lecteurs, les récits que nous fit avec un enthousiasme belliqueux le capitaine Delaunay. Vous avez vu figurer dans les batailles d'Italie d'illustres généraux. En lisant les biographies qui suivent ces pages, vous verrez qu'ils ne sont parvenus à l'estime de la France et au rang qu'ils occupent que par la discipline et le travail.

BIOGRAPHIES.

NAPOLÉON III.

Le prince Napoléon-Louis Bonaparte est né à Paris, le 20 avril 1808. Il était le troisième fils de Louis Bonaparte, d'abord roi de Hollande, puis comte de Saint-Leu, et d'Hortense de Beauharnais, cette reine qui laissa derrière elle en mourant ce parfum de bienveillance et d'amour qui fait les reines bonnes quand elles ne sont pas grandes. Le premier fils d'Hortense, adopté par Napoléon, était mort jeune encore; le second eut la même destinée; et le prince Louis se trouvait, par la mort du duc de Reichstadt, le successeur du premier empire.

Il fut tenu sur les fonts baptismaux par son oncle Napoléon et Joséphine de Beauharnais, son épouse.

Après les cent jours, la reine Hortense fut obligée de se retirer dans la Bavière avec ses enfants : c'est là qu'elle resta jusqu'en 1824, où elle s'établit en Suisse au château d'Arenemberg.

Le prince Louis avait seize ans, et étudiait alors avec passion l'histoire et les mathématiques. Le reste de son temps était employé à suivre les exercices des troupes en garnison à Constance. Déjà d'ailleurs il s'accoutumait à la vie militaire ; le pain du soldat n'avait pas d'amertume pour lui, et quant à la rigueur des saisons, il la bravait, je ne dis pas avec courage, mais même avec indifférence.

Du reste cette abrupte contrée était bien faite pour développer à la fois sa santé, son agilité et ses forces. Les pics les plus élevés des montagnes helvétiques, les rochers les plus abruptes, le virent tour-à-tour braver les rigueurs de l'hiver et les difficultés de ce sol tourmenté.

Quand éclata la révolution, le prince se trouvait à Rome avec sa mère et son frère Napoléon Bonaparte. Bercés dans des idées d'indépendance, ils embrassèrent avec joie la cause de l'affranchissement de l'Italie. Chacun sait l'issue malheureuse de cette courte campagne. Napoléon Bonaparte mourut à Forli, dans les Etats Romains, et peu s'en fallut que Louis ne tombât entre les mains de l'Autriche ; mais la reine Hortense veillait sur ses jours. Bravant tous les périls, elle enleva son fils, lui aussi moribond, et le conduisit en France. Là aussi le nom de Napoléon avait trop de prestiges, et le gouvernement de Louis-Philippe eut peur des nobles exilés. Il fallut donc chercher une autre terre où la gloire et le malheur ne portassent point ombrage ; Louis Napoléon partit avec sa mère pour se retirer à Londres. Ce fut son premier séjour dans la capitale de l'Angleterre ; il ne fut pas de longue durée. Ils partirent pour la Suisse et revinrent à Arenemberg, tout peuplé des souvenirs de son enfance. Quand la vie active ou militaire n'absorbait pas ses moments, les âpres plaisirs de l'étude s'emparaient de son esprit, et déjà il avait mûri bien des choses. A l'âge de vingt-cinq ans, en 1833, il publiait un ouvrage sur l'état de la Suisse intitulé *Considérations politiques et militaires;* en 1835, son *Manuel d'artillerie* attira l'attention des praticiens les plus célèbres.

L'année suivante, encouragé par quelques braves officiers de l'empire, comptant d'ailleurs sur le prestige de son nom et les grands souvenirs que son oncle avait laissés en France, il essaya d'y rentrer lui-même. Mais son entreprise n'eut aucun succès ; il fut fait prisonnier et enfermé dans la citadelle de Fort-Louis ou Fort-Vauban, située dans le département du Bas-Rhin. Quelque temps après il était transporté aux Etats-Unis, et poursuivait dans l'exil les graves études qu'il avait commencées au château d'Arenemberg. La constitution de cette vaste république n'eut bientôt plus aucun secret pour lui, et le trésor de ses connaissances était complet, lorsqu'il fut rappelé en Europe par la maladie de sa mère, Hortense-Eugénie de Beauharnais, ancienne reine de Hollande, qui, après une longue suite de malheurs, s'était réfugiée à Augsbourg, du consentement du roi de Bavière. Elle semblait n'avoir attendu pour rendre le dernier soupir que l'arrivée de son bien-aimé fils.

Le 7 octobre 1840, il était emprisonné au château de Ham, situé dans le département de la Somme. Il y composa plusieurs ouvrages parmi lesquels nous devons citer les *Réflexions sur le mode de recrutement de l'armée* et l'*Histoire des armes à feu*.

Le prince Louis Bonaparte son père, frère de Napoléon Ier, d'abord roi de Hollande, ensuite comte de Saint-Leu, s'était retiré à Florence. Atteint d'une grave maladie, il supplia le gouvernement français de rendre pour quelques jours la liberté à son fils, afin qu'il pût venir lui fermer les yeux. Louis-Philippe refusa. Exalté par la piété filiale, peut-être aussi aigri par cette barbare injustice, Louis Napoléon s'échappe sous un déguisement, et passe en Angleterre le 25 mai 1846. Il lui fallut deux mois entiers de démarches pour obtenir un passeport qui lui permît de traverser le continent, et de se rendre en Italie. Au moment de s'embarquer après tant d'efforts, il apprit que son père venait de mourir.

Il resta donc en Angleterre, où il vécut dans l'étude et dans l'obscurité.

La révolution de 1848 éclate, et rouvre à tous les proscrits les portes de la France. Elu représentant à l'Assemblée nationale, il y entre le 26 septembre; le 10 décembre suivant, un plébiscite l'appelle à la présidence par six millions de suffrages, et le 2 décembre 1852, il est proclamé Empereur des Français sous le nom de Napoléon III.

Le 29 janvier 1853, il a épousé la fille d'un ancien colonel espagnol au service de la France, Mlle Eugénie de Montijo, qui, le 16 mars 1855, lui a donné un héritier.

VICTOR-EMMANUEL,

ROI DE SARDAIGNE.

VICTOR-EMMANUEL est né à Turin, le 14 mars 1820; il est le fils aîné de Charles-Albert, de chevaleresque mémoire, et de la reine Thérèse, fille de feu le grand-duc Ferdinand de Toscane. Son père lui fit donner une éducation très éclairée, et, comme prince royal, il se trouva mêlé aux luttes et aux mouvements qui signalèrent l'année 1848. Il fit aux côtés de son père les campagnes avec les Autrichiens jusqu'au désastre de Novare, à la suite duquel Charles-Albert abdiqua en faveur de son fils.

4..

C'était le 23 mars 1849, — dit M. de Vornoux, — dans l'Italie : le jour baissait ; la pluie tombait froide et pressée ; sur un mamelon, un groupe de soldats et d'officiers de toutes armes et de tous grades entouraient un homme immobile, impassible, contemplant d'un œil hagard de vastes champs où gisaient des milliers de victimes. Les obus éclataient, la mitraille labourait le sol, renversant autour de lui officiers et soldats : rien ne le troublait ; rien ne pouvait détourner ses regards de ce spectacle suprême. Cet homme était le roi Charles-Albert ; ces champs étaient les champs de Novare. Enfin, quelques aides-de-camp rappelèrent au roi que la religion défend le suicide, et l'entraînèrent au loin malgré sa résistance.

Alors Charles-Albert fit appeler le duc de Gênes, quelques généraux, quelques soldats :

Je pars, dit-il ; je vous laisse mon fils. Servez-le aussi fidèlement que vous m'avez servi. Puisse-t-il être plus heureux que moi ! puisse-t-il voir l'Italie libre !!!

Telle fut l'abdication du roi vaincu ; tel fut le titre en vertu duquel les débris de l'armée proclamèrent Victor-Emmanuel. Celui-ci était couvert de sang et de boue. Cinq ou six balles avaient traversé ses habits. Il ne se trouvait auprès de lui

ni chambellan, ni maître des cérémonies pour ré-
gulariser l'abdication ; en fait de papier, il n'y avait
que celui des cartouches.

Ce n'est que le 8 avril suivant que l'abdication
de Charles-Albert fut confirmée par un acte rédigé
à Toloza en Espagne.

Victor-Emmanuel est d'une taille au-dessus de la
moyenne, fort, vigoureux ; sa figure est ouverte,
pleine de franchise. De longues moustaches rousses
et une immense royale lui couvrent le bas du
visage. Joignez à cela une vaillante brusquerie
de manières, et vous aurez le portrait du roi-
soldat.

Dans sa légion de Savoie, pourtant si brave,
nul n'est plus brave que lui. En fait de tactique
militaire, il ne connaît que celle de Souwaroff et
de Murat : — En avant! — Aussi prit-il une part
glorieuse à la bataille de Goïto. Il rallia la brigade
Cunéo, se mit à la tête du 2e régiment de la garde,
chargea vigoureusement l'ennemi à la baïonnette,
et fut blessé d'une balle à la cuisse. A Custoza,
les 24 et 25 mai, placé à l'arrière-garde, il ne
céda le terrain que pied à pied, et, pour la troisième fois de la campagne, il arrêta l'ennemi vic-
torieux. A la funeste déroute de Novare, il perça

le gros de l'armée ennemie et eut ses habits criblés de balles.

Aussitôt son avénement au trône, il écrivit une très belle et très digne lettre à Radzeski, il signa la paix avec l'Autriche, le 6 août 1849 ; puis il s'occupa à réorganiser son armée.

Victor-Emmanuel désire le bonheur de son peuple ; il est fidèlement attaché aux idées libérales ; mais il abandonne volontiers à ses ministres tous les détails des affaires. Si l'on veut une place, ce n'est point à lui qu'il faut s'adresser. Ce roi si brave est d'une timidité enfantine pour les petites choses. Nommer un juge de paix est pour lui une affaire d'Etat. Jamais il n'oserait inviter à sa cour un étranger qui ne lui aurait pas été régulièrement présenté par son ambassadeur. Il redoute son grand chambellan et emploie des ruses d'écolier pour avoir dans son palais les gens qui lui plaisent et dont il aime la société.

Le commencement de 1855 fut désastreux pour le Roi ; à deux mois d'intervalle, il perdit sa mère, son frère le duc de Gênes, et sa femme, une véritable sainte qu'il savait apprécier dignement.

Le 10 avril 1855, il signa le traité de quadruple

alliance contre la Russie ; puis il vint à Paris, fut accueilli avec beaucoup d'enthousiasme , passa à Londres et y retrouva une semblable popularité.

Ses troupes rejoignirent l'armée franco-anglaise.

Je ne sais quel ministre russe fit observer que la cour de Russie n'avait appris que par les journaux qu'elle était en guerre avec la Sardaigne.

Plus tard, elle l'apprit d'une autre façon ; car l'armée sarde, composée de 17,000 hommes, se distinguait à la bataille de la Tchernaïa, où son artillerie justifia la réputation dont elle jouit, d'être une des premières de l'Europe.

Tous les partis sont d'accord pour rendre à la personne du roi Victor-Emmanuel l'hommage de respect et d'estime qui lui est dû. En 1854, lors des terribles ravages que le choléra exerçait à Gênes, ce prince a donné une preuve nouvelle de la manière dont il entend le métier de Roi, en venant partager les dangers de la partie de la population qui n'avait pu quitter la ville.

Le roi Victor-Emmanuel est marié, depuis 1842, avec Adélaïde, fille de feu l'archiduc Renier ; cinq enfants sont issus de cette union : la princesse

Clotilde, née le 2 mars 1843; le prince royal Humbert, né le 14 mars 1844; le prince Amédée, né le 30 mai 1845; le prince Othon-Eugène, né le 11 juillet 1846, et la princesse Marie, née le 16 octobre 1847.

La princesse Clotilde est devenue, par son mariage avec le prince Napoléon, le 29 janvier 1859, la cousine de l'Empereur des Français.

LE PRINCE NAPOLÉON.

Le prince Napoléon naquit à Trieste, le 9 septembre 1822. Sa jeunesse s'écoula tour-à-tour en Suisse et à Florence. Entré en 1835 à l'école militaire de Louisbourg, il en sortit en 1840 ; et refusant le service dans une armée étrangère, il visita tour-à-tour l'Allemagne, l'Angleterre et l'Espagne.

Un an avant la révolution de 1848, Louis-Philippe accorda à sa famille l'autorisation de résider en France. Quand elle éclata, il offrit ses services au gouvernement provisoire.

La Corse l'envoya à l'Assemblée nationale, et en 1849 il fut nommé ministre plénipotentiaire à Madrid. Nommé au commandement d'une division de l'armée d'Orient, la maladie le força de rentrer en France. En 1858, il fut nommé ministre de l'Algérie, et en 1859 chargé du 5ᵉ corps en Italie. Nous savons que depuis le 29 janvier il est devenu le gendre du roi de Piémont.

CHARLES-FRANÇOIS-JOSEPH Ier,

EMPEREUR D'AUTRICHE.

Le 18 août 1830, naquit, à Vienne, Charles-François-Joseph, fils aîné de l'archiduc François-Charles et de son épouse Sophie, princesse de Bavière. Il n'était donc que le petit-fils de l'Empereur François Ier. Son éducation, confiée aux maîtres les plus habiles sous la direction du comte de Bombelle, jointe aux qualités les plus brillantes de la nature, faisait concevoir de belles espérances. Son aptitude pour les langues était telle qu'il pouvait s'entretenir dans les dialectes si multipliés de l'empire avec une pureté merveilleuse.

En avril 1854, il épousa Elisabeth de Bavière, fille du duc Maximilien, alors âgée de dix-sept ans. Elle était, par sa grand'tante, petite-nièce du maréchal Berthier, prince de Neufchâtel et de Wagram.

LE GÉNÉRAL FOREY (Frédéric-Élie.)

Le général Forey naquit à Paris en 1804, fut reçu à l'école militaire de Saint-Cyr à dix-huit ans, avec le numéro *seize* du concours.

Le 1ᵉʳ octobre 1824, il entrait comme sous-lieutenant au 2ᵉ léger. Pendant cinq années il exerça les pénibles fonctions d'officier instructeur, et ce ne fut qu'à l'occasion de la guerre d'Alger qu'il eut le bonheur de voir son régiment appelé à faire partie de l'expédition. Nous le trouvons lieutenant après la campagne.

Après cinq années de garnison dans les Pyrénées, le jeune officier fut promu au choix au grade de capitaine, et c'est en cette qualité qu'il s'embarqua pour Oran. On lui confie le commandement de la compagnie des carabiniers, il se fait remarquer à l'expédition de Médéah et dans les opérations de retraite après le premier siége de Constantine. Il fut cité à l'ordre du jour et décoré des insignes de la Légion-d'Honneur ; porté de nouveau dans le rapport officiel après l'expédition des Portes de fer, il fut nommé chef de bataillon. Mais il dut rentrer en France pour rejoindre son régiment, 59ᵉ de ligne.

1841 le trouve en Algérie à la tête du 6ᵉ bataillon de chasseurs à pied.

« Je regarde le chef de bataillon Forey, du » 6ᵉ bataillon, écrivait le duc d'Orléans au général » d'Hautpoul, comme un officier distingué, capable » de parvenir aux grades les plus élevés de la » hiérarchie militaire. »

En 1841, en 1842, il est mis à l'ordre du jour et nommé lieutenant-colonel, mais il avait été blessé d'un coup de feu à Aïn-Affour.

Deux blessures viennent l'atteindre encore en 1844, à Thleta ; mais le 4 novembre de la même année il obtient le grade de colonel du 26ᵉ de ligne qui rentrait en France.

Le régiment du colonel Forey, appelé en 1848 à faire partie du camp de Saint-Maur, fut compris dans une brigade établie sur l'esplanade des Invalides ; et notre héros, nommé général, commande toutes ces troupes. Le général Cavaignac le connaissait bien.

Déjà officier de la Légion-d'Honneur, il fut, au mois de décembre 1851, élevé à la dignité de commandeur, et le 22 décembre de l'année suivante au grade de général de division. Membre du comité d'infanterie au ministère de la guerre, il se fit remarquer par la lucidité et la force de raisonnement issues d'une longue et laborieuse expérience.

La guerre de Crimée devait lui donner un nouvel essor. Le 24 avril 1854, sa division s'embarque à Toulon, après avoir été passée en revue par le maréchal Saint-Arnaud.

Envoyé en Grèce à la tête de sa division et d'un régiment de marins anglais, il entrait au Pirée, le 25, à six heures du soir. Le 26, il exposait dans une conférence au roi de Grèce la mission dont il était chargé, et repartait le 29 suivant, laissant 3,000 hommes d'occupation au port d'Athènes.

Lorsque, par suite d'une maladie incurable du maréchal Saint-Arnaud, commandant en chef de l'expédition, le général Canrobert fut appelé à lui succéder, Forey, à qui revenait, par droit d'ancienneté, le commandement, fit entendre des paroles d'abnégation dignes des temps antiques.

Par ordre du général en chef, en date du 20 octobre, il fut nommé commandant du corps de siége sous Sébastopol, et organisa le corps des francs-tireurs qui rendit à notre cause de sérieux services.

Il fut rappelé avant la fin de la campagne et nommé gouverneur de la province d'Oran; mais il n'eut pas le temps de se rendre à son poste, et fut chargé en 1858 d'une inspection générale.

Ce qu'il a fait en Italie, nul ne l'ignore. Le nom de Montebello est accolé à son nom. Sa conduite admirable électrisa les troupes, et, s'il n'est pas mort, c'est que la mort n'a pas voulu de lui. Le général Beuret est tombé à ses côtés. Aussi tandis quue les bataillons massés s'élançaient à la poursuite des Autrichiens en déroute, un cri s'éleva unanime, et pendant dix minutes le général fut acclamé avec le plus ardent enthousiasme.

LE GÉNÉRAL BEURET.

Celui dont nous déplorons la mort, Beuret
(Georges), est né à la Rivière, département du
Haut-Rhin, le 15 janvier 1803. Il fut élève de
Saint-Cyr en même temps que le général Forey, et
entra, en 1823, au 27ᵉ de ligne en qualité de sous-
lieutenant. Il est lieutenant en 1830 ; capitaine
adjudant-major en 1836 ; chef de bataillon au
13ᵉ de ligne en 1844 ; lieutenant-colonel au 6ᵉ en
1849 ; colonel du 39ᵉ en 1852 ; général de brigade le 10 janvier 1855.

Le général Beuret avait attiré sur lui tous les

regards pendant la campagne de Crimée. Ainsi, à la bataille de l'Alma, n'étant encore que colonel du 39ᵉ de ligne, il resta seul debout sur son cheval, à la vue de toute l'armée, malgré l'ordre donné par le maréchal Saint-Arnaud aux régiments les plus exposés au feu de la mitraille de se coucher ventre à terre. A la *tour du télégraphe,* le même jour, il se fit distinguer par son impétuosité irrésistible. Ce fut au plus fort du siége de Sébastopol qu'il reçut le titre de général de brigade. Rentré en France, il commandait une brigade de l'armée de Paris, à la tête de laquelle il fut tué dans la principale rue de Montebello. Son corps reposa dans le cimetière de ce village pendant quelques jours; mais embaumé par ordre de l'Empereur, il arriva à Belfort le jeudi 16 juin, et fut inhumé avec les plus grands honneurs au cimetière de la Rivière, son pays natal.

MAC-MAHON.

Monsieur de Mac-Mahon (Marie-Édme-Patrice-Maurice), est né à Sully, Saône-et-Loire, le 28 novembre 1808. Après d'excellentes études, il fut admis à l'école de Saint-Cyr en 1825, et en sortit en 1827 en qualité de sous-lieutenant à l'école d'application d'état-major. Le 20 avril 1831, il était fait lieutenant, et capitaine le 30 décembre 1833. Il fut tour à tour aide-de-camp des généraux Achard, Bro, Danrémont, d'Houdetot et Changarnier. En 1840 nous le trouvons chef de bataillon au 10° chasseurs à pied; en 1842 lieutenant-colonel du

2ᵉ régiment de la légion étrangère, en 1845 colonel du 41ᵉ, et du 9ᵉ en 1847. Le général Cavaignac, qui avait pu apprécier son mérite, le fit, en 1848, général de brigade; et, en 1852, Napoléon III l'éleva au grade de général de division.

Le comte de Mac-Mahon a été successivement commandant de la division d'Oran et de celle de Constantine, puis d'une division d'infanterie au camp du Nord, enfin d'une autre à l'armée d'Orient, où il fut mis à l'ordre du jour à la prise de Malakoff.

La bataille de Magenta, la plus terrible qui se fût livrée en Europe depuis 1815, a mis le comble à sa gloire. Aussi a-t-il reçu, avec le bâton de maréchal de France, le titre de duc de Magenta.

RÉGNAULD-SAINT-JEAN-D'ANGÉLY.

Voici une des carrières militaires les mieux remplies de notre époque.

Régnauld-Saint-Jean-d'Angély naquit à Paris le 30 juillet 1789. Elève de cavalerie à l'école de Saint-Germain le 30 mars 1812, il en sortit comme sous-lieutenant au 8ᵉ chasseurs à cheval le 21 septembre. Nommé lieutenant le 10 octobre 1813 au 8ᵉ hussards, il fut aide-de-camp des généraux Piré et Corbineau.

Auguste-Michel-Etienne Régnauld-de-Saint-Jean-d'Angély fut fait capitaine en 1814, et officier d'ordonnance de l'Empereur en 1815, puis chef d'escadron. Le départ de Napoléon Iᵉʳ brisa momentanément sa carrière; il se retira dans ses foyers, et ne reparut qu'en 1828, où il fit sous les ordres du maréchal Maison la campagne de Morée.

Le 11 septembre 1830, il fut nommé lieutenant-colonel au 1ᵉʳ régiment de lanciers; en 1832, colonel du même corps, enfin maréchal-de-camp en 1841. Il commandait, en 1848, la brigade de cavalerie à Paris, et eut l'énergie d'accompagner le roi fugitif. La même année il fut fait général de division. Nommé sénateur en 1852, il vient d'obtenir à Magenta la dignité de maréchal de France.

LE MARÉCHAL CANROBERT.

Le général Certain-Canrobert naquit en 1809. Sorti de l'école de Saint-Cyr dans les premiers rangs , il fut nommé sous-lieutenant en 1828. Lieutenant en 1832, il s'embarqua pour l'Afrique en 1835 et fit partie de l'expédition de Mascara. Il est nommé capitaine en 1837. On le trouve au siége de Constantine où il reçoit sa première blessure à l'assaut. Nommé chevalier de la Légion-d'Honneur, il rentre en France en 1839, et reçoit la mission d'organiser avec les bandes de l'armée d'Espagne refoulées sur le sol français, un bataillon pour la légion étrangère.

Mais la vie monotone de la France lui était à charge ; il fallait à cette ardente nature l'ardeur du soleil d'Afrique, les expéditions improvisées, les fatigues incessantes.

En 1841, Canrobert retourna en Afrique, et après les combats des défilés de Mouzaïa et du Gontal, il fut élevé au grade de chef de bataillon, 1842. Le bonheur, la chance, suivant l'expression populaire, s'attachait à ses pas. Y avait-il une course aventureuse à fournir, officiers et soldats nommaient Canrobert. Le succès était sûr. Après plusieurs missions de ce genre, il fut nommé lieutenant-colonel en 1845, et colonel en 1847.

Du 2ᵉ régiment de la légion étrangère, il passe à la tête du régiment de zouaves. Les soldats d'élite de l'armée étaient dignes de lui ; il était, comme soldat, à la hauteur des troupes d'élite. Il était toujours à leur tête, dit M. de Bazancourt, le dieu des combats veillait sur lui, le feu de l'ennemi respectait l'intrépide soldat. Ajoutons qu'il était un dieu pour les hommes placés sous ses ordres.

L'année 1849 est une des glorieuses pages de son histoire. Il tenait garnison à Aumale, et le choléra régnait intense dans sa petite troupe. Cependant Zaatcha est assiégée par les Arabes ; le colonel Canrobert part avec son régiment; mais un groupe d'ennemis lui barre le passage à Bou-Sada, dont la garnison est bloquée. Il est nombreux, et sa colonne, affaiblie par le mal, ne saurait en soutenir le choc. Livrez-moi passage, s'écrie Canrobert; car je porte avec moi un ennemi qui vous exterminera tous, la peste.

Les Arabes effrayés se retirèrent, et le 26 novembre, on put donner l'assaut à Zaatcha. Le colonel Canrobert, pour la seconde fois dans sa vie militaire, monta le premier à la brèche. La première fois était au siége de Constantine.

Il fut nommé commandeur de la Légion-d'Honneur. En 1850, général de brigade, le héros revient en France; en 1853, il est nommé général de division et aide-de-camp de l'Empereur, puis commandant supérieur du camp d'Elfaut.

Quand éclata la guerre d'Orient, le général Canrobert fut parmi les premiers généraux qui s'embarquèrent pour Gallipoli. Presque toujours envoyé en éclaireur, il traverse Constantinople, confère avec le sultan et le ministre, et touche enfin au terme de son voyage. Le 1er juin, il s'embarque pour Varna, et le 14 septembre 1854, il plante le premier, et de sa propre main, le pavillon français sur la terre de Crimée. Désigné dès le 12 mars précédent, pour remplacer dans son commandement le maréchal Saint-Arnaud en cas de grave maladie ou d'événement majeur, il est acclamé par l'armée le 28 septembre. Nous ne suivrons pas le général en chef dans ses expéditions d'Orient. Mais nous rapporterons ici le trait d'une grande âme. Sa générosité, son amour des soldats, s'étant effrayé de la responsabilité sanglante que devait amener le siége de Sébastopol, il résigna son commandement, et eut pour successeur le général Pélissier, qui était alors à la tête de la division Forey. Cet acte restera dans les annales historiques des nations.

Canrobert fut nommé maréchal de France; en Italie, il a été digne de son passé, et le 3° corps n'a rien à envier de la gloire des autres.

LE MARÉCHAL NIEL.

M. Niel est né en 1802. Sorti de l'Ecole Polytechnique en 1823, il fut nommé lieutenant en
1827, et capitaine en 1833. Promu chef de bataillon en 1837, pour sa conduite au siége de
Constantine, où il se trouvait en même temps que
le maréchal dont nous venons d'esquisser la vie,
il devint lieutenant-colonel en 1840, et colonel six
ans après. En 1849, il fut chef d'état-major du général Vaillant, et à Rome gagna l'étoile de général.

M. Niel a dirigé le service du génie au ministère

de la guerre; plus tard il a rempli les fonctions de conseiller d'Etat. Envoyé à Bomarsund, sur les bords de la Baltique, il réduisit cette forteresse en peu de jours, et fut rangé parmi les aides-de-camp de l'Empereur. Il se distingua à Sébastopol, où il était arrivé chargé d'une mission confidentielle, et fut nommé grand'croix de l'ordre de la Légion-d'Honneur. Envoyé à Turin au moment où le prince Napeléon allait épouser la fille aînée du roi de Piémont, il fit des études d'une grande utilité à la guerre qui vient de finir.

Comme nous l'avons vu, le général Niel commandait le 4ᵉ corps d'armée. Sa valeur et son habileté lui ont valu le bâton de maréchal, le jour de la bataille de Solferino.

DICTIONNAIRE

GÉOGRAPHIQUE.

DICTIONNAIRE GÉOGRAPHIQUE.

ABBIATE-GRASSO Petite ville de la Lombardie Vénitienne,
  rive gauche du Tessin, cinq lieues de
  Milan.

ABDA (*Addua*). Rivière de la Lombardie-Vénitienne,
  prend sa source au mont Ostler, canton
  des Grisons, traverse la Valteline, le lac
  de Côme, et se jette dans le Pô près de
  Crémone.

ADIGE (*Athesis*). Fleuve de la Vénétie, prend sa source
  dans les montagnes du Tyrol, traverse
  la Vénétie du nord au sud, et se jette dans
  la mer Adriatique à neuf lieues sud de
  Venise.

Afrique. L'une des parties du monde entourée de tous côtés par l'Océan, excepté du côté de l'Asie à laquelle elle est réunie par l'isthme de Suez. Une partie du nord de l'Afrique appartient à la France sous le nom d'Algérie.

Alpes. Grande chaîne de montagnes qui se détache des monts de la Suisse et commence à Vado près de Gênes ; elles séparent la France du Piémont et prennent différents noms, suivant leur position par rapport aux pays qu'elles traversent. Alpes est un nom générique qui peut venir de *altus*, élevé, ou *albus*, blanc; ces deux étymologies se confondent, puisque l'une est la conséquence de l'autre.

Asti. Ville du Piémont, sur le Tanaro, évêché, neuf lieues est de Turin, population 28,000 habitants. Patrie du célèbre poète italien Alfieri. Riches vignobles.

Autriche. Empire et archiduché en Allemagne. Capitale Vienne. Population 30,200,000 habitants. L'Empire d'Autriche est borné au nord par la Saxe et la Prusse, au nord-est par la Russie, au sud-est par la Turquie, au sud par l'Adriatique, les Etats de l'Eglise, les duchés de Parme et de Modène, et à l'ouest par la Sardaigne, la Suisse et la Bavière. Ses provinces adjointes sont très nombreuses.

Bassignano. Petite ville sur la rive gauche du Pô. Lombardo-Vénétie.

Bergame. Ville de la Lombardo-Vénétie, à onze lieues nord-est de Milan. Popul. 26,000 âmes.

Robbio. Piémont, situé sur la Trebbia, affluent du Pô, ville épiscopale, 4,000 habitants.

BRESCIA. Lombardo-Vénétie, sur la Garza, à 16 lieues est de Milan, 36,000 habitants.

BRIANÇON. France, Hautes-Alpes, est élevé de 1,036 mètres au-dessus du niveau de la mer. Population 8,000 hab.

BUFFALORA. Lombardo-Vénétie, rive gauche sur le Tessin, 8 lieues ouest de Milan, sur la route de Novare à Milan.

CAMERLATA. Bourg aux environs de Côme.

CASSANO. Lombardo-Vénétie, sur l'Adda, à sept lieues est-nord-est de Milan.

CASTEGGIO. Sur le Coppo, Etats sardes, près de Voghera; bataille gagnée en 1800 par Lannes.

CASTIGLIONE. Lombardo-Vénétie, à dix lieues nord-est de Mantoue.

CAVRIANA. Village de la Lombardo-Vénétie, cinq lieues de Vérone.

CAZALE. Ville du royaume lombard-vénitien, à huit lieues sud-est de Crémone. Elle est fortifiée.

CHAMBÉRY. Etats sardes, capitale de la Savoie, située sur la petite rivière de l'Albane, à 52 kilom. environ de Grenoble; population 11,000 hab.

CHIESE. Rivière de la Lombardo-Vénétie, prend sa source au-dessus de la forteresse appelée *Rocca d'Anfo*, et se jette dans l'Oglio, affluent du Pô.

CHIVASSO. Sur la rive gauche du Pô, Etats sardes.

CRIMÉE. Presqu'île sur la mer Noire, au sud de la Russie, illustrée par l'expédition française en 1854.

CÔME.   V. f. royaume lombard-vénitien, près du lac qui lui donne son nom. Pop. 7,000 hab.

CÔMO.   Lac dans la Lombardo-Vénétie septentrionale, est élevé à 214 m. au-dessus de la mer ; il a 80 kilom. du nord au sud et est large de 10 kilom. en moyenne.

FRASINETTO.   Petite ville, sur le Pô ; Etats sardes.

GARDE (*Garda*).   Lac sur la frontière de la Lombardie et de la Vénétie ; il a 60 kilom. de long sur 12 kilom. de large.

GARZA.   Grand ruissau qui arrose Brescia, Lombardo-Vénétie.

GÊNES.   Etats sardes. Grande et belle ville sur le golfe de la Méditerranée, auquel elle donne son nom. Popul. 80,000 âmes. Riche et puissante sous les Doria, elle est déchue aujourd'hui.

GUIDDIZOLO.   Bourg, sur la droite du Mincio, Etats lombards-vénitiens.

IVRÉE.   Ville épiscopale du Piémont septentrional.

LIVOURNE.   Port de Toscane, Italie méridionale, l'un des plus commerçants de la Méditerranée; il est protégé par plusieurs forts; on compte 70,000 hab.

LODI.   Lombardo-Vénétie, 12,000 habitants, sur l'Adda, célèbre par le combat qu'y livrèrent les Français en 1796.

LOMELLINE.   Petite province sur les bords du Pô, Etats sardes. Ville principale Lomella, 4,000 habit.

LOMBARDO-VÉNÉTIE   Avant la dernière guerre, province de l'Empire d'Autriche, formée en 1815 des Etats vénitiens et des duchés de Mantoue et de Milan. Popul. 4,500,000 hab.

LONATO.	Petite ville entre la Chiese et le Mincio, Lombardo-Vénétie, près de Peschiera. Victoire de Napoléon Ier sur les Autrichiens, 1798.
MAGENTA.	Petite ville sur la rive droite du Tessin, route de Novare à Milan. Royaume lombard-vénitien.
MANTOUE.	Ville forte sur le Mincio, royaume lombard-vénitien, l'une des places les plus fortes de l'Europe, sur la rive gauche du Pô. Popul. 25,000 hab.
MARIGNAN (*Melegnano*).	Dans la Lombardo-Vénétie, à 4 lieues de Milan, sur le Lambro. En 1515, François Ier y battit les Suisses.
MEDOLE.	Bourg, rive gauche du Mincio, non loin de Mantoue, Lombardo-Vénétie.
MILAN.	Grande et belle ville, Lombardo-Vénétie, sur l'Olona, capitale avec une popul. de 150,000 âmes. Deux canaux joignent l'Olona au Tessin et à l'Adda.
MINCIO.	Fleuve ou grande rivière du royaume lombard-vénitien, sort du mont Tonal, Alpes rhétiques, traverse le lac de Garda, arrose Peschiera et Mantoue, et se jette dans le Pô à Borgho-Forte.
MONTEBELLO.	Village en avant de Voghera, Etats sardes, sur la rive droite du Tessin.
MONTECHIARI.	Lombardo-Vénétie sur la route de Brescia, à Mantoue.
MORTARA.	Etats sardes, à 9 lieues de Milan. Cette ville est située entre la rive gauche du Pô et la rive droite du Tessin.
NICE.	Ville chef-lieu du comté de Nice, fait partie du royaume de Piémont. Elle a un port peu vaste, mais profond, défendu par un fort. Popul. 20,000 hab.

Novare.	Etats sardes, ville forte avec un bon châ-teau, sur la route de Verceil à Milan. Popul. 18,000 hab.
Palestro.	Village des Etats sardes, non loin de Mor-tara, rive droite du Tessin.
Peschiera.	Ville forte, Etats lombards-vénitiens, sur le Mincio, à sa sortie du lac de Garda, à cinq lieues ouest de Vérone; population 3,000 hab.
Plaisance.	Sur le Pô, rive droite, capitale d'un duché souverain, ville forte avec une citadelle. Popul. 22,000 hab. C'est près de cette ville que s'arrête la Trebbia ou Trébie, sur les bords de laquelle les Romains fu-rent battus par les Carthaginois.
Pô.	Le plus grand fleuve de l'Italie. Il descend du mont Viso, Alpes cottiennes, d'une hauteur de 2,000 mètres, parcourt le Piémont et la Lombardie dans toute sa longueur, et se jette par plusieurs embou-chures dans le golfe de Venise.
Polcevera.	Torrent des Etats sardes, qui se jette dans le golfe de Gênes et donne son nom à une petite vallée qu'il traverse; il est pres-que toujours à sec.
Piémont (*Etats sardes*).	Royaume de l'Italie supérieure. Il contient 2,800 kilom. carrés, et seul a une popul. de 2,000,000 d'habitants.
Pozzolengo.	Bourg sur le Mincio, rive droite, Lombardo-Vénétie.
Robbio.	Petit bourg, Etats sardes, entre Verceil et Mortara.
Robechetto.	Bourg de la Lombardo-Vénétie.
St-Jean-de-Maurienne.	Etats sardes; la Maurienne est une vallée de Savoie qui est séparée du Piémont par le Mont-Cénis. Capitale Saint-Jean.

Sardaigne.	Partie du royaume de Piémont à l'est.
Sesia.	Rivière qui descend du Mont-Rosa, traverse le Piémont et se jette dans le Pô à Cazal.
Solferino.	Petit bourg sur la rive droite du Mincio, 1,100 hab.
Stradella.	Petit village, rive gauche du Pô, l'un des derniers des États sardes sur la frontière de la Lombardo-Vénétie.
Ticino (*Tessin*).	Rivière qui séparait la Lombardie piémontaise de la Lombardie autrichienne. Il prend sa source au mont Saint-Gothard, et traverse le lac Majeur, qui a 64 kil. de long sur 12 de large, et va se jeter dans le Pô au-dessous de Pavie.
Turbigo.	Village sur la rive droite du Tessin, à 20 k. de Milan, Lombardo-Vénétie.
Turin.	Capitale des États sardes. Popul. 115,000 h. Elle est située sur la rive gauche du Pô, et défendue par une citadelle.
Valeggio.	Bourg à 4 kil. de Villafranca, Lombardo-Vénétie, frontières sardes.
Vercel.	États sardes, Piémont, à 56 kil. de Turin ; 20,000 hab., près de la Sésia.
Vérone.	Ville très forte de la Lombardo-Vénétie, sur l'Adige. 50,000 hab.
Villafranca.	Petite ville sur la route de Mantoue à Vérone et la Mollinella, affluent de l'Adige.
Voghera.	États sardes, évêché, rive gauche du Pô, 9,000 hab.

FIN.

TABLE.

—

LIMOGES ET ISLE.
Imprimeries de Louis et Eugène Ardant Frères.

www.ingramcontent.com/pod-product-compliance
Lightning Source LLC
Chambersburg PA
CBHW052218270326

41931CB00011B/2401